ずるい美人

Sly beauty

福山真由美
Mayumi Fukuyama

WAVE出版

はじめに

あなたは美人？　それとも不美人？

この瞬間まで、

「美人ってずるい」

「美人ばっかりちやほやされて腹が立つ」

「つい人と比べてしまい、そういう自分が嫌になる」

「やっぱり私ってだめだな。自信がない」

「大事なところで選ばれない」

「今の仕事（役割）だと、美人になる必要はないよね」

と、なんだか後ろ向きな自分に嫌悪感。あなたはそんなふうに思い込んでいるかもしれません。

かくいう私も自信がなくてずっと悩んでいた……いえ、「美人はずるい」と思っていたひとりです。周りを見渡すと、

「自分ではがんばっているつもりだけれど、美人とは思われない人」

「高級な服装をしていても美人に見えない人」

「努力が空回りする人」

もいます。いっぽうで、

「リラックスして立っているだけで美しい人」

「プチプラの服を着ても上品に見える人」

「どんな場所にいてもきれいな雰囲気を出せる人」

がいます。

いずれの人も忙しい時間に仕事を抱え、家事や育児などをこなしています。けれど前者は自分の時間をうまく使えていない場合が多く、ともすれば地味に思われがち。後者は隙間時間を有効に使って楽しみながら自分を生き生きと表現して、きれいと言われ、新しいチャンスを掴むこともできる人。

この2つのパターン。持って生まれた顔立ちやスタイルの問題だと思うでしょうか？まったく違います。

自分をどう活かすかは、心の持ちようによって大きく変わることを、私は身を以て知りました。それは誰でもすぐにできる方法だということも。

私は今、できるだけ多くの人にそれをお伝えしたくて、企業セミナーや講演、個人向けスクールなどでお話しさせていただいています。

受講生の中には、職場での評価、仕事の結果、転職活動、婚活などで、期待以上のものを手にする方もいらっしゃいます。

どんな女性も、日常のさりげない気遣いや自分の振る舞いを少し変えるだけで「美人」になれます。

するとあなたは、いつもより自信を持って本来の力を発揮できるでしょう。

また、周りからも「美人」と思われ、扱われ方も変わります。

また、これからはリアルで会って素敵な雰囲気を醸し出せる美人と、オンライン上で初めて会う人に対して、空気感で伝えきれない部分をどう意識するかを知っている美人が求められる世の中に変わっていきます。

どちらにも切り替えられる意識を持つ人が、より多くのご縁に恵まれるでしょう。

そして、なりたい自分や、やりたい仕事に近づくことができます。

さあ、その方法を一緒に探っていきましょう。

CONTENTS

第2章 小さなおしゃれのずるい方程式

第3章　ずるい美人の会話術

第4章　嫌われないのも、ずるい美人

第5章 360度ぜんぶずるい美人

第6章 心と体のセルフサロン

プロデューサー………………山本時嗣
装幀・本文デザイン…………和全(Studio Wazen)
DTP……………………………システムタンク
編集……………………………大石聡子(WAVE出版)
編集協力………………………竹内葉子(トレスクリエイト)

序章

ずるい美人は誰でもなれる

「きれいにしよう」。その意識と小さな努力は相手に伝わり、
相手側は「自分もきちんとしなくちゃ」と意識する。
すると、全てが変わっていきます。
もし相手がトゲトゲした気持ちでいても、
優しい言葉をかければ、返してくれる言葉も優しい響きに変わってくる。

それを知っているのがずるい美人。
だから、いいことがたくさん起こるのです。

自分も周りも得をする、計算上手が〝ずるい美人〟

美人度アップの計算式

「どうして、いつもあの人だけ得するの？　ずるい」

そんなふうに周囲からやっかまれる女性はたいてい、仕事も恋愛も順調で、結婚もうまくいき、家庭円満です。

「どうせ美人だからでしょ」と思うかもしれませんが、よく見てみると、彼女たち全員が、もともとの顔立ちやスタイルが抜群というわけではない、と思いませんか。

そこで私はあることに気づいたのです。彼女たちは、**自分の見え方を意識し、ちょっとしたしぐさや振る舞い、言葉遣いや気遣いにも相手の反応をきちんと計算している。**

「いつもきれいな私でいよう」と意識することも計算のひとつ。
「きれいな言葉を使っていこう」というのも計算です。

そこにパートナーや大切な人の褒め言葉があると掛け算になり、女性はさらに輝いて、美人数値がぐんと跳ね上がります。

美人を作る言葉×美人を讃える言葉＝美人×美人（美人の２乗）

こうなると、もう輝きは止まりません。すると周囲も喜びに満ち溢れ、いい循環が生まれるため、全てがうまくいくようになるのです。

「ずるい美人」の計算は教養

「ずるい美人」の計算は、どんな女性でもすぐ身につけられます。
今いる場所で、今の自分のままでいいのです。

何度もお伝えしますが、生まれつき美人かどうかは、問題ではありません。大事なのは「きれいでいよう」という気持ち。そして「どう振る舞えばきれいに見えるか」と計算すること。

自宅とオフィスを往復するだけの毎日、リモート会議だけの毎日でも、日常のいろいろな場面で、「人にいい印象を与えたい」という気持ちを添えることはできます。

「自分をそれほど美人とは思えない」「私なんかが……」「ずるい方法で得すると後でしっぺ返しがきそう」と悩んでいる人も、こう気持ちを切り替えてみませんか。

「いつもきれいな私でいよう。きれいな私を見てもらおう」

自分から一歩前に出てみようという気持ちがあれば、全てが変わっていきます。

そして「美人はずるい」と思っていたけれど、実は努力していたのね、意外とずるくない、と思えるようになります。

そして「もっと美人になって、もっと得しよう」とエンジンがかかることでしょう。

「ずるい美人」の計算は、ひとつの教養です。

教養とは、学問や文化などの幅広い知識や、精神などを身につけることによって養われる心の豊かさや品位のこと。

「美人になって得したい」という思いは利己的かもしれませんが、本書で紹介するひとつひとつを試していけば、いつも何気なくやっていることに気持ちを添えることや、周りにいい印象を与える行動に繋がります。

次第にあなたは、そこにいるだけで温かい日差しのような輝きを放つ女性、幸せに包まれてキラキラ輝く女性になって、周りも幸せにするのです。

コンプレックスとジェラシーの塊でした

ここで私の体験をお話しさせてください。

私は小さい頃からコンプレックスの塊で、自信を持てずにもがいていました。

自分は地味で不器量だと思い込んでいました。

そのせいで、口数が少ないほうだったと思います。

小学校時代は、ナホコちゃんという同級生がすごく可愛らしくてうらやましい。女子大に入ったら、中高から上がってきたリナちゃんが清楚で美しくて、ついジェラシー。

私もそうなりたいのに、口に出して言うことは絶対にありませんでした。

いつも心の中で思い悩んでいるだけ。でもその思いはすごく強烈。

意外にも、家族や友人たちは私が悩んでいることに気づいていないようでした。

私は「〜ができない、〜は苦手だ」と弱みを表現することが得意でなかったせいかもしれません。

ネガティブな気持ちも嬉しい感情も封じ込めていたのです。

女子大時代のアルバイト先でも、できるだけ目立たないようにしていました。一緒に働いていたのは、私と同年代だけれどはるかに大人びて見える、艶やかな雰囲気の女子大生たちです。その中で私だけがノーメイクで、服装も地味。

ところがある日、少し年上の女性スタッフと休憩時間におしゃべりしていたら、「福山さんも少しメイクをしたらすごくきれいになれるよ。誰よりも姿勢がいいし、笑顔も素敵。Bさんより清楚な感じで、私は好きだな。きれいよ」と言ってもらえたのです。

え、私がきれい？　あの髪の毛つやつやで、大人びた色気と華やかさのあるBさんより？……半信半疑でしたが、嬉しくないはずがありません。

そのとき私が強く自覚したのは、「きれいになりたかったのだ」という自分の願望でした。本当はあの人みたいに振る舞いたい、少し背伸びして大人っぽい服を着てみたい、という素直な気持ちを認めることができました。

「きれいよ」という一言が、心を開放してくれたのです。

また、褒めていただいた姿勢のよさや表情は、子どもの頃からのお稽古事で身についていたということにも気がつきました。


先輩の女性は、ごく軽い気持ちで言っただけかもしれません。

でもそれは私にとって、人生を変える一言でした。

気持ちを大きく切り替える、いいきっかけになったのです。


とはいえ、性格や考え方を完全に変えるのは難しいことでした。

私の場合は、社会に出てからもたまに消極的な自分がいて、**「うまくいかない」「うらやましい」とネガティブな思いにとらわれていました。**

当時の私は、損をしていたと思います。

よくない事態を想像してしまう時の私はたいてい猫背で、表情が暗く、オドオドしていました。それに、いいアイデアがあっても発言できないまま他の人に先回りされてしまうことが多かったのです。

はっと気づいたときには、**姿勢を正し、スキンケアに時間をかけ、人にはいつも丁寧に話しかけるようにしようと気持ちをコントロールしました。**

そうすることで自分を好きになれる、自信がつく、と実感として掴んでいたからです。

「きれいでいたい」「いい印象を与えたい」という気持ちを添えて行動すると、それが本当の自分になっていきます。人は変われるのです。

私は今でこそ「ずるい美人」と言われることもありますが、そういう小さな積み重ねを経てきたからこそだと確信しています。

次からは、それを具体的にご紹介していきますね。

得する美人になる生き方

自分をよく見せる計算をすると…

私は大学を卒業して就職し、結婚をして子どもを産み、専業主婦をしていました。その後、事情があってシングルマザーになる覚悟を決め、7年ぶりの社会復帰に悩む時期がありました。

パソコンもできないし、何のスキルもなかったので、不安でいっぱい。

ところが、面接まで繋がった会社は全て、採用通知をくれたのです。

その中から一社選んで就職することができたのですから、ただただ感謝です。

入社後しばらくして、採用の理由を上司に聞いてみました。
「物腰が柔らかくて好印象だったし、信頼できると思った。その上にお礼状をくれて、文字も文章も素晴らしかった。それを見て、この人と仕事をしてみたいと思ったんだよ」

採用の決め手となったのは、面接で私が話した内容よりも、物腰の柔らかさ、お礼状を出すという細やかな気遣いだったのでした。

正直に告白しましょう。これは、私が意図した**「強く印象に残る人になるための計算」が功を奏したのです。今にして思うと、これが「ずるい美人」の始まりでした。**

〝仕事ができるふう〟に見せないと、よい就職ができない。
そんな単純な思い込みが生んだ策でした。
きりっとしていて頭がよさそう、しっかりしていそう、頼りになりそう、優しそう、清楚で品がある。そう見えることが採用の近道だと思ったので、そういうイメージに自分を近づけようとしました。その小さないくつかの努力が大きな実を結んだのです。

まず最初は服装。でも問題は、面接に着ていく服がなかったことです。あるのは、ゆるゆるのシャツやパンツだけ。それが専業主婦をしていた頃の私の日常着でした。

いや、それでも、社宅という小さな社会の中で、人の目を気にしてびくびくしながらも、それなりにおしゃれをがんばっていたつもりでした。

ただ産後太りが激しかったため、ゆるゆるの服を着ることが多くなり、元同僚に道でばったり会ってもスルーされてしまったほどです。

「私！　私！　久しぶり!!」と呼び止めたら、「あら〜!!　いやだ、誰だかわからなかったわ!!」と、あきれ顔で二の腕に視線が……。

当時の私は、「美」という意識が薄れ、きれいになるモチベーションはどこかに消えていました。けれど離婚後はシングルマザーとしてがんばらないといけません。

その第一歩が再就職です。

そこで初めて私は**「自分の見られ方」という問題に向き合うことになりました。**

服装はスーツでビシッと決めたい。だけどサイズの合うものが一着もない。新しく買い直したくても、貯金はゼロ。

泣きたくなるほど悲惨な気持ちでしたが、行動あるのみです。

なけなしのお金を握りしめて大型スーパーに駆け込みました。そこでジャケット・スカート・パンツの3点セットが、1万円で売られているのを見つけたのです。ペラペラした安っぽい生地のスーツでしたが、それさえまぶしかったのを覚えています。

あえて真面目なネイビーは避け、ライトグレーのピンストライプ柄を選びました。

そして一晩中、仕事ができるキャリアウーマンのコーディネート。

頭に思い浮かべていたのは、映画「ローマの休日」でオードリー・ヘップバーンが演じるアン王女。シンプルな白いブラウスとフレアスカートだけで何通りもの素敵な着こなしをしているんです。袖をちょっとめくると活動的なイメージに、襟元に小さなスカーフをあしらうのも素敵、とか思いめぐらせ。

私も3点セットを上手に組み合わせて「キャリアウーマンらしく」「社会人らしく」

「かっこよく決める!」と一心不乱にイメージ作り。

これが自分のイメージ作りの第一歩でした。

服の着こなし方や振る舞い方を真剣に考え抜き、計算に計算を重ねたのです。

きりっとしていて頭がよさそう、しっかりしていそう、頼りになりそう、優しそう、清楚で品がある。――欲張りだけれどそう見えるように自分をコントロールすること。それが目標でした。

そしてお礼状も、そのイメージで丁寧に書きました(P145参照)。

そうした印象の計算の結果として再就職が決まったのだと思います。

働き始めてから、職場の雰囲気に溶け込むようにコミュニケーションをはかり、次第に仕事の信頼を得ることができたのも、全てはイメージ作りがうまくいったおかげです。

自慢のママになる演出と行動で

再就職が決まったものの、シングルマザーとして自立した生活を築くことに恐れや不安がなかったかというと、決してそうではありません。

家の借り方や転居の手続きなど、全てが初めてでわからないことばかり。

子育てにも、いろいろ迷いはありました。

たとえば娘の学校の授業参観日では、どう振る舞えば娘は喜んでくれるだろうか、どんな服装で行けばいいのか、その都度頭を悩ませました。


服装や振る舞いによって、どんな自分も演出することができるということがわかりかけていたので、できるだけきれいで、上品で、優しそうなママを演出したい……と試行錯誤。

母子家庭ですから、難しい時期もありました。あれから10数年経った今も、自分がどこまでやれたのかがちょっと気になります。

二十歳を過ぎた娘と当時のことをよく話しますが、娘が言うには、「きれいなママ（雰囲気が）」と、お友達みんなに評判だったそうです。それを娘は自慢に思い、**「ママがこんなにがんばっているのだから、これはおちおち不良になるわけにはいかないと思った」、と言っていました。**


娘はある時期、何事に対してもやる気を失い、家の中はぐちゃぐちゃ、学校には行くものの机の下に潜り込んで出てこない、ということがあったのです。

当時の私は、連日残業が続く中で休日も返上して仕事をしていたので、娘はきっと寂しかったのだと思います。

毎日毎日、私も机の前で座り込み、今日あったことを話したり、母子家庭を理由にしない生き方をしようと提案、説得しました。

一人親家庭にしてしまった負い目があり、それまで娘に対してふわっと接していたことを改め、今の状況と向き合い物事に取り組む大切さを一つずつ話したのを記憶しています。

「私にできるのは、前向きに進む姿を見せることしかない」、と。

その努力にも、きっと娘は気づいてくれたのだと思います。

後ろ姿だけで、選ばれる人になる

「子どもは親の背中を見て育つ」という言葉がありますが、仕事においても背中は重要です。さまざまな意味のこもった「背中」が大事なのはもちろんですが、**実際にピンと背筋を伸ばしているだけでも、選ばれる人になれるのです。**

私の場合でいうと、とあるセミナーに参加し、前列に座って話を聞いていただけで、後ろ姿を見た人から一目置かれ、お仕事に繋がったこともあったくらいです。

その出来事に象徴されるように、私はマナー講師、イメージコンサルタントとして独立してから仕事の営業をしたことはほとんどなく、ご紹介がご紹介を生むという幸せなサイクルが続いています。

開業してまだ4年ほどですが、クライアントは30社以上にのぼります。ビジネスマナーやコミュニケーションスキルをはじめとし、さまざまな企業研修やセミナーを実施し、参加してくださった受講生の方は1500名を超えました。

女性の能力と強みを引き出すお手伝いもしています。印象管理や教育のサポートなど、具体的な方法を伝授しているので、主婦の方やOLの方、女医さん、保育園、高校、大学など、幅広い層からご依頼をいただきます。

また、日本一と言われる社会保険労務士法人事務所や、士業の先生方、おもてなしで有名な老舗旅館、日本料理界に革命を起こす飲食店での管理職研修、美容系商材を全国のデパートで展開する販売スタッフの育成、美容師100名が一堂に会するセミナー、経営者向けの講演会など、次々とご縁をいただいているのもありがたいことです。

「できるだけきれいに見せよう。人にいい印象を与えよう」と**意識して背筋を伸ばし、ただそこに座っているだけでご縁が舞い込んでくる**——そんなイメージです。

この本には、そのためのコツを詰め込んだのでみなさんもきっとそうなれますよ。

自分を変えると、反応が変わる

「ずるい」と言われようが、配慮が行き届いたチャーミングな「美人」には思いがけない贈り物が次々と届きます。人に見えないところで努力しているからこそ与えられる幸運でしょう。

たとえば、**やりたい仕事に就ける、目の前の仕事がうまくいく、経済的自立とキャリアアップが叶う、主役を立てるために裏方仕事に専念していても、「あなたの話が聞きたい」と声がかかるｅｔｃ．**

服装に配慮し、ピンと背筋を伸ばすだけでもいいのです。
言葉遣いや振る舞いに気を配ると、さらに効果的ですね。
「やってみてよかった」と、多くの方が喜びの声を寄せてくださっています。

✳外見を変えたことで上司が自分の企画に興味を持ってくれ、仕事がより楽しくなりました（保育業界・20代女性Oさん）

✳自分に合う服を見つけるのは難しいけれど、やってみるとけっこう楽しいという話をしたことがきっかけで、取引先のお客様と会話が弾み、名前を覚えてもらえるようになりました（税理士事務所勤務・30代女性Kさん）

✳自分の強みの引き出し方がわかったおかげで、面接時も緊張しないで自分を出すことができ、行きたかった企業の内定をもらえました（ディスプレイ業界に内定した工業大学4年・女性Fさん）

✳言葉遣いを変え、自分の印象を少しきれいにしたら、年上のクライアントとの連携がスムーズにいき、裁量権がもらえるようになりました（ＩＴ業界・男性Ｔさん）

✳ちょっとした心遣いや気配りを形にすることがお客様のためになり、ひいては自分の成長に繋がるのだと知り、前向きに仕事ができるようになりました（美容業界・20代女性Ａさん）

✳管理職にふさわしい外見を意識して服装や髪型を整えたので、自分に自信がつきました。会議も怖くないです（士業・30代女性Ｍさん）

みなさんも「美人」をイメージして前向きに行動すると、このように仕事がうまくいき出しますよ。

どんなときも「美人気分」で過ごすだけ

まず試してほしいことが、1つあります。それは、生活の中のさまざまなシーンに「美人」というキーワードを当てはめて過ごしてみること。

「美人はこんなふうに話す」「美人はこんなふうに食事をする」「美人は会社へ行くときもこんなふうに歩く」というように、行動してみてほしいのです。

そうすると、顔の表情が明るくなり、姿勢もよくなります。

話し方、歩き方、お茶や食事のときのしぐさ、仕事の仕方も、どことなく品があって、落ち着きがあり、華がある、と感じさせるようになっていきます。

「きれいでいたい」「いい印象を与えたい」という気持ちがあるかないかで、全ては違ってくるのです。

第1章

オンラインでも差がつく美人

姿勢、振る舞い、ちょっとしたコミュニケーション……
リアルの場はもちろん、オンラインの場でも特に
気をつけたい印象アップ術をご紹介します。

これまで研修・講座・セミナーでお伝えしてきた中で、
特に効果が見込めることばかりです。
ひとつひとつは小さなことですが、
実行すればすぐに、ずるい美人の仲間入りです。

指先の品格は一生もの

「あのひと、素敵な雰囲気ね」「しぐさが洗練されてる」

振る舞いだけで、そう感心されるにはどうしたらいいでしょうか。

簡単に誰でも変えられるのは、まずは「指先」です。

指先は、どんな気持ちで人と向き合っているかが相手に伝わる大切なパーツ。

いまは特に、オンラインでの映り方で、手のジェスチャーが重視されてきているのをご存知でしょうか（詳しくはP59でご紹介します）。

そこでも差を付けられるのは、指先です。

たとえば顔の近くでジェスチャーするとき、指と指の間があいていると、幼稚な感じに見えてしまいます。雑な性格、と見られてしまうこともあるでしょう。

オンライン飲み会やお茶会などでは、カップやグラスを持ち上げるときも、指と指の間をきゅっと狭くして、指先までしっかりと伸ばすようにすると素敵ですね。

リアルの場では、名刺交換をはじめ、品物の受け渡しをするときや、携帯電話を持つとき、**指先がきちんと揃っていると品のよさが感じられます。**

特に名刺交換は、ビジネスシーンにおいて好感や品格を感じさせる絶好のチャンス。名刺をぎゅっと握りしめたりせずに、指先まできちんと伸ばして軽く添える持ち方が美しいと思います。そして、いただいた名刺は、大切そうに自分の方へ引き寄せるようにすると、とても好印象です。

私は幼い頃に日本舞踊を習っていましたが、指先はいつもきちんと揃えておくことが基本でした。日本舞踊やお茶のお稽古のときのように堅苦しくしなくても、指先まで神経を行き渡らせることは相手に対する気配りのひとつです。

美しい所作は、誰の目にも気分がいいものですよね。

指先の品格は、年齢がいくつであっても維持することができる「一生もの」です。

素敵なしぐさのストックを増やす

「きれいでいたい」「いい印象を与えたい」と日々を送っていると、人の立ち居振る舞いや所作にも目が向いていきます。すると、自分がきれいになるヒントがたくさん見えてきます。「素敵」と感じるしぐさを見つけたら、どんどん真似していきましょう。

それも「ずるい美人」の作り方です。

たとえば、テレビや映画でも、和服を着慣れた女性のしぐさは最強と言っていいかもしれません。

目の前の物を取るときは、袂（たもと）に反対側の手をふんわりと添えます。そのしぐさは色気と品格のバランスが絶妙で、感動的だと思うのです。

洋装ならば、ロングドレスやマキシスカートで階段を上るときに、スカートがヒールに絡まないように、すっと裾をたくし上げるでしょう。品のあるセクシーさが感じられて素敵ですよね。

着物でも洋装でも、鉄則は、指をきちんと揃えて指先までピンと伸ばしていること。

私はディズニープリンセスが大好きなのですが、もしも彼女たちがドレスを鷲掴みにしていたら幻滅ですよね。王子様だって来ないかもしれません。

プリンセスは**いついかなるときも優雅に、エレガントに、指先を揃えているからサマになるのです。**

手と爪が潤えば心も潤う

このように指先は「ずるい美人」にとって、とても重要なのですが、年齢を重ねた肌は、どうしても乾燥しがちです。手を見れば年がわかる、と言われるのも、そのせいですね。

特にオンラインでは、細かいところまで見えてしまうので気が抜けません。

そこで、いつものスキンケアに加えて強化したいのは手の保湿。私もせっせと実行しています。乾燥肌なので、仕事のデスク周りにハンドクリームを欠かさず置き、仕事の集中力が切れたときなど、さっと手にとって保湿を楽しんでいます。

お気に入りはローズとイランイランの香りのクリームで、これをたっぷりと使います。指先までしっとり潤うと、心がとても落ち着くんです。

指一本一本に丁寧にクリームを塗り込む動作自体も、心を静めてくれるようで……

ハンドケアはどこか瞑想に似ている気がするのは私だけでしょうか。

さらにネイルオイル、ネイルクリームをプラスすると、潤いにツヤが加わり、気持ちに華やぎも出てきます。


朝晩のスキンケアでは、顔に塗った化粧水や美容液を手から手首、肘、二の腕へと広げて、できるだけ広い範囲をしっとりと。

肌がかさつくと心もかさつく気がしませんか。疲れた日や荒れた気持ちの日こそ、しっかりと水分やお気に入りの香りをまとわせ、心にも潤いを与えましょう。


潤った手は自信を取り戻し、誰かにいつ見られても、誰かにいつ手を繋がれてもいいように、輝き出すでしょう。


私にとっては、祖母の手がそうでした。お料理や洗い物などの水仕事が終わるたびに軟膏を丁寧に塗っていた祖母の手は、いつもつやつやですべすべ。

私はそんなおばあちゃんに手を繋いでもらうのが大好きでした。

大切な誰かのために手肌を潤わせるのは、とても素敵なことですよね。

オンラインの時代は、目にも潤い

瞼や目の下は肌が薄く、とてもデリケートなので潤い補給が欠かせません。

みなさんもアイクリームや美容液でケアしていることが多いと思います。

でも**忘れがちなのが、「目」そのものの潤い。スマホやパソコンの使いすぎでドライアイになってしまう人が増えているので気をつけましょう。**

「目は口ほどにものを言う」との言葉の通り、うるうるしている目は人を惹きつけます。人にお願い事をするとき、感謝の気持ち伝えるときは、**リアルでもオンラインでも、きちんと目を合わせることが大切です。**

そのときせっかくアイコンタクトをしても、目が乾燥して充血していると、二日酔いや寝不足だと思われてしまう可能性も！　今すぐ潤い補給が必要ですね。

また目に潤いが足りなくなると、まばたきの回数が増えます。
まばたきは「今すぐ潤い補給をして」という体からの合図。
そんなときは、目薬を使うのがおすすめです。

私はコンタクトレンズを使っているのでさらに目が乾きます。愛用しているのは、高保湿の「ロートCキューブプレミアムモイスチャー」など。みなさんも、清涼感やしっとり感など、好みに合った目薬を探してみませんか？

潤った目、柔らかいまなざしで、自信を持って人に話しかけてください。
相手の方はきっとよい対応をしてくれるでしょう。

目薬を化粧ポーチにそっと忍ばせておくのは、ずるい美人のたしなみです。

ずるい美人のテレワーク術

リモートワーク、テレワークがあっという間に日常生活へ入ってきました。

ルールや規定がないまま急な展開になり、戸惑った方もきっと多いですよね。

私の仕事も、研修やセミナーは即オンラインに切り替え、自分が伝えたいことを丁寧に届けるにはどうすればよいのか、クライアントにとって何が役立つのかを、手に汗をかきながら試行錯誤し、必死で考えました。


リアルの場で会議やミーティング、研修を実施するときは、雑談から始まり、相手の反応を見ながらアドリブを差し込んで成立していましたが、オンラインでは「双方向性のコミュニケーションが厳しい」と感じる人が少なくありません。

ただデメリットだけでなくオンラインでは今まで参加できなかったはずの人と話す

機会が増え、出会えなかったかもしれない人の話を聴くことができる、大きな可能性やメリットがたくさんあります。

このメリットを活かし、**オンラインでもどう自分を見せるか意識することで、自分の意思を確実に相手に届けることができます。**

私は仕事柄、営業会議や経営会議にも参加する機会が多いので、オンライン上での見え方や見せ方によって、受ける印象がずいぶん違って見えることに気付きました。

研修講師として話をする場合、参加してくださる方の**見え方によって、より意欲を持って多くの情報をお伝えしたいと感じる人、そうでない人がいることも体験**しました。

その中で見い出した〝テレワークで使える〟ずるい術。

さっそくお教えしたいと思います。

オンラインで「映える」美人とは？

オンラインミーティングで朝礼の様子を見ていた管理職の方から、ある日相談がありました。「いつも元気なTさんが気になる。とても疲れたように思うのですが何かあったのでしょうか？」

実際にオンライン上で私も参加していたのですが、すぐにはピンときませんでした。Tさんの発言はハキハキとして、業務への意欲があるように感じていたからです。そのため、その日は素直に「そうですか？　私にはそう感じませんでした。でもそう感じられたのなら心がけておきますね」と答えました。

管理職の方は少し納得されていない感じでした。また違う日に、やはり同じTさんの様子がおかしいと後で連絡がありました。話をお聴きすると、「顔色が悪いし腫れているような気がする」。それだけでは終わらず「**毎回同じ調子なのでやる気がないのではないか？**」、**仕事に対する意欲が見えないと言うのです。**

在宅ワークやリモートワークの場合、オンライン上で小さなフレームにそれぞれが並んで映ります。**隣の人との比較がしやすく、違いがわかりやすいのも事実です。**

また一人ひとりの顔をしっかり見ることができます。

リアルな朝礼では、そこまで一人の顔をじっと見つめることはないと思いますが、オンラインでは自分の目線はどこを見ているか相手からは気づかれにくいので、見たい人を長い時間観察することができます。

Tさんは女性で、管理職の方は男性です。ちなみに同期のSさんにも「Tさんに変わったことはないか」と管理職の方が聞いたところ、何も問題がないということでした。

私は同じ女性として朝、顔がむくみやすいことなども共感できるのでそう気にしていなかったのですが、**男性目線ではむくみがあるとシャキッとしていないように見えるの**だと驚きました。

リアルの朝礼ではまったく出てこなかった、この問題。

一人ひとりの顔が見えるようになったオンラインのメリットとデメリットです。

ライトでやる気を買ってみる

Tさんの場合、部屋の照明が他の人より暗かったことも、やる気がないように見えた原因でした。室内は場所によって、照明や窓からの光の加減で、目元に影ができて暗くなる場合があるのです。

私がオンライン上のオープンセミナーで参加者を一度に拝見したときも、確かに一人ひとり、光の状態によって印象が違いました。暗く映っている人は、セミナーを楽しんでくださっているのか気になってしまうんです。

セミナーなどのように、主催者が参加者を楽しませるための場なら、参加者側が自分の映り具合を気にする必要はないのですが、仕事では自分を明るく見せる必要性があるので配慮しましょう。というのも、そう、**見ている側が、「オンラインのフレーム内の明るさ」と「やる気」とを、無意識に比例させてしまう場合がある**からです。

映り具合が仕事の評価に繋がりかねないことを意識し、「照明や窓からの光がしっかり当たる場所を確保する」、ネットなどで女優ライトと呼ばれる「専用ライトを活用する」（5千円くらいからあります）などの対策でオンライン美人を目指しましょう。

明るく照らされた顔で会議や朝礼に参加すれば、好印象は間違いなしです。

ライトを使う場合は、目線の先、またはPC内蔵カメラの近くにセットすると顔に影を作りにくいですよ。

余裕があれば顔の下から柔らかく照らすライトがもう一つあっても効果的です。

オンライン用メイク、マスク用メイク

ライトをさらにうまくキャッチするためには、眉頭から鼻筋（Tゾーン）、目の下、鼻の先、あご先に光を集めるように、いつもよりしっかりハイライトを入れるメイクもおすすめです。

ファンデーションを塗り込むよりは、アイブロウやアイラインをしっかり入れて目元をはっきりさせ、口紅はやや明るめの色に。

パソコンの画面はうっすら曇りがちなので、目元、口元をはっきりさせると、やる気がある表情を伝えることができるのです。

マスクを着けたときは特に目元がぼんやりするので、目立たせるようにアイラインやマスカラをしっかり塗りましょう。

マスクスタイルだと冷たく見られそうな人は、温かみある色のアイシャドウやブラウン系アイラインで目元を優しく見せることで整えます。

ヘアスタイルは、トップにボリュームを持たせると、マスクに負けないフォルムを保つことができますね。

ただし会議やミーティングが始まったら、自分の映り具合ばかりを気にしすぎるのは要注意です。髪型ばかりに気を取られている人、見られていますよ。

話す人を見るよう心がける女性は、リアルでもオンラインでも好印象を残します。

トップス選びと上半身の姿勢

背景の壁が白い場合、上半身の服装が同じような白だとぼやけてしまいます。

オンライン上では、コントラストがはっきりした色のトップスが優位です。

黒のジャケットだったり、仕事がら許されるのであれば、鮮やかな黄色や青色などのブラウスも品よく華やかに見せることができます。

「上半身だけ映るから」と、気を抜かないことも注意です。いざというときに立ち上がって上下のバランスが悪いスタイルを見せないよう、見えない箇所にまで心を配るずるい美人でいてくださいね。

上半身の見せ方は、自宅だからとリラックスしすぎて椅子の背もたれに全体重をあずけたり、ふんぞり返ったりすると、偉そうに見えてしまいます。

またパソコン画面に近づきすぎると、肘をついて話を聴いているように見える場合もあるので映り具合をチェックしましょう。

内蔵カメラは、ちょうど目線にくる位置がベストです。

上目使いや、見下ろすような視線にならないよう気をつけましょう。

背景や小物を活かす心遣い

さらにオンライン上で印象を良くするために気をつけたいのが背景です。

ミーティングシステムには、実際の背景を隠す機能や、南の島や宇宙の背景を選択できるものもありますが、真面目な会議や打ち合わせには、できれば仕事ぶりやセンスが伺える背景を選ぶのがおすすめです。

背景選びのコツは、相手が話しやすいかどうかを考えること。人通りが多い通路や、書類が積まれている場所だと、どうしてもそこに視線が行ってしまいますよね。そのため避けたほうがいいのは、生活感が出る背景、雑多な印象になる背景です。玄関先だったり、台所や洗濯機など水回りが見えると、仕事の本題に入りにくい雰囲気を出してしまうかもしれません。

在宅の場合、人それぞれの環境の差があるので難しいかもしれませんが、まずは必要以上に私物を見せない配慮があれば、ＯＫだと思います。

スタイリッシュに見せたい方は、電気のスイッチや空調などが画面に映り込まない場所を探しましょう。とてもすっきり見せることができます。

小物は、生花を１本でも飾ったり、観葉植物を後ろに配置するのがおすすめです。本棚を背景にするとさらに知的に見えますね。

クライアントや取引先の商品、出版物などが手元にある場合、さりげなく見える位置に飾っておくと「気が利いてるな」と思ってもらえることでしょう。

何となくよそよそしく始まるオンラインミーティングも、それに気づいた相手が思わずにっこり笑顔になり、会話が弾むこともありますよ。

スタンバイの笑顔で、評価も良い情報も手に入れる

先ほどもお伝えしましたが、オンラインでは表情がしっかり見えます。

相手に「話を聴いている」という意思表示は、リアルの場ではもちろん、オンラインではそれ以上に心がける必要性があります。

あるオンライン会議が終了し、それぞれが画面から退室する際、部長さんが画面越しに「Mさん、今日すごく機嫌悪かったの？」と、半分冗談交じりに声をかけていました。

Mさんはとても驚いた表情。

「いいえ！　まさか！　すごく真剣に聞いていましたし、実りある会議だと思ってい

ました。そんな風に見えていましたか？」と慌てていました。

「きっとみんなMさん怒ってると思って現場に戻っていったと思うよ」と部長さん。


そんなやり取りがあったんです。

Mさんは困った顔をされていたので、まだ残っていた私がお話させてもらいました。

「スタンバイの笑顔を意識されるといいですよ。ニタニタ、ニヤニヤする必要はないですが**少しだけ口の両端、口角を上げて微笑む表情**を習慣付けておかれると、誤解も受けないし人が声をかけやすい雰囲気を作ることができます」とお伝えしたのです。

Mさんは素直に納得してくださり「自分の表情って大切ですね」と素敵な笑顔でミーティングを退室されました。


人によって笑顔の得意不得意はありますが、人を待つとき、人の話を聴くとき、話がとても興味深いと感じるときなどは「スタンバイの笑顔」を保ってみましょう。

人は、ムスッとへの字口にしている相手より、少し微笑んでいる人に対して話をしたいと感じるはずです。特にオンラインは、話す人以外はミュートという無音の世界で、一人で多数に話すということが長時間続くこともあります。

頼みの綱は画面上に見える顔、顔、顔。

どんなベテランでも、気難しい上司でも、意外に相手の反応は気になるものです。

相手がじっと動かずに話を聴いていると、他のことを考えているように見えたり、寝ているようにも思えてしまいます。

その中で優しい表情でスタインバイすることは、意見を求められやすくなり、共感や賛同を得てくれているという信頼感を話し手に持たせることができます。

同意するときは大きくうなずき、話を聴き終わったときには、胸元で拍手をするなど気持ちを形にすると、心が通いあう時間ができるのです。

もちろん、スタンバイの笑顔はリアルなときにもとても効果的です。

ついつい必死になるパソコン作業、眉間にうっかりしわを寄せて集中していたら周りの人にはご機嫌斜めだと誤解されてしまいますよね。

そんなつもりがないのはよくわかります。

そこで、1日のうちで少しの時間でも、「今話しかけてもいいですよ」「余裕あります」という雰囲気を出すために、口角をキュッと上げるのはいかがでしょうか？

しかめっ面、ふくれっ面を見て、機嫌が悪そうだから報告を後回しにしようと思う後輩がいるかもしれません。

仕事の相談、悪い報告もそうですが、楽しい話やよい情報が自分の元にたくさん入ってくるように、笑顔をスタンバっておく。

コミュニケーションの中心に、ずるい美人がいる条件です。

ジェスチャーと「間」で印象アップ

話を聴く側の意識に気づいたら、話す側にも意識する大切なポイントがあります。
それが「ジェスチャー」と「間」。
身振り手振りを使うと、躍動感や熱意が伝わりやすいのです。

雑誌やネット記事のインタビュー写真を見ると、手元に動きがある写真を使っているものが多いですよね。それは、語り手の厚みが見えやすいからです。

オンラインでジェスチャーをする場合、気をつけたいのは、フレームのサイズに添って身振りを調整する、ということです。

フレームよりはみ出るような大げさなジェスチャーをしてしまうと、雑な印象を相

手に与えてしまいます。

反対に、小さすぎても伝わりにくいので自分の頭のてっぺんを上限、肩幅を目安に肘を張らずにバスト位置を目安に手を動かすと、丁寧できれいな印象になります。

ジェスチャーはただ単に、意味なく手を動かすのではなく、自分が話す内容に合わせて使うことを意識してください。

こちら側、そちら側で手のひらを自分の胸元から画面に向かって指し示す、また「これくらいの大きさ」というときに両手で目安の大きさを作って見せるなど、意味のあるジェスチャーはオンラインでもリアルでも話が伝わりやすくなり、自分の話をより分かりやすく伝えることができますね。

次に「間」のお話です。オンラインにはわずかですが時差がありますよね。

話が終わったのかと思ってつい発言したら、まだ話が続いていてお互いの声が被り気まずい……みなさんも経験があると思います。

そんなときは、**自分の話の終わりをわかりやすくする**と、意見交換がスムーズです。
「○○だと思います。私の考えは以上です。皆さんの考えはどうですか？」
「○○の報告でした。これに関して質問を今からお受けします」
など、ここまでは自分の話、次へどうぞという言葉を増やす。

空気が読めないオンラインでは、言葉を丁寧に増やすことで意思疎通ができ、離れていても共感を得られ、感じのいい雰囲気を出すことができるのです。

もう一つ、人の印象がすっきり見える要素に「分離礼」というものがあります。
「話し言葉」と「行動や動作」を分けることで誠実な印象が際立つ、というものです。

ニュースを伝えるアナウンサーが「おはようございます」と言葉を先に話してその後にお辞儀をする、あのイメージです。

常にどこもかしこも分ける必要はないと思いますが、**はじめや終わりの挨拶などは**

「ながら」挨拶にせず、きっちり言葉と動作を分けてみましょう。

誠実さが伝わり、自分自身も気持ちの区切りができて、話の内容にも自信が持てます。

オンライン上ではメリハリがつきにくいので、きれいなジェスチャー、スマートな「間」、「分離礼」は効果的です。

第2章

小さなおしゃれのずるい方程式

メイク、ヘア、ネイル、まつげ etc.
小さな場所だけど、ここを怠ると「もったいない美人」。
ずるい美人は、小さな場所まで足し算、引き算、掛け算などの
暗算がとても上手です。
方程式のように決まったルールもあるので、とても簡単。
この章では、オンライン上でも必須の「上半身」に
ポイントを絞ってお伝えします。

ファッションの方程式

シンプル・イズ・ベスト

〝着飾りすぎた女性はエレガントとは言えない〟

ココ・シャネルの有名な言葉です。


「私、華やかなファッションは苦手で、どちらかというと地味なほうが似合うみたいです」という女性は意外と多いのですが、**実は、地味は「きれい」の始まり。**

「地味」を「シンプル」と捉えるだけで必ず美人になります。

ですから、まずは地味だという思い込みを外してみませんか？

ココ・シャネルは1926年、「リトルブラックドレス」を誕生させました。何の装飾もないシンプルなデザインで、黒一色のドレスです。だからこそどこへ着て行っても順応できるし、アレンジ次第でいくらでも着回しがきく。

ピンクのカーディガンを羽織ればかわいらしい感じを出せます。同系色のブラックジャケットを羽織れば、礼装にもビジネスにも通用。仕事で誰かをサポートするとき、ゲストを迎えるホステス役として動くときも、ぴったりマッチします。

ヘアスタイルをアップヘアにすればパーティーにも行けるし、胸元に華やかな首飾りを添えると主役にもなれるでしょう。

ほんの少し、何かを足すだけできれいに見えるのです。

「私って地味」と思っている女性は、いわばリトルブラックドレス。

私はそう思うのです。

地味とシンプルの違いは？

ある程度の年齢を重ねた女性がシンプルなファッションコーディネートをしていると、潔くてきれいです。

ですが、こなれ感の出る同系色ワントーンでシンプルにまとめているのと、無難な色の服ばかり毎日着ているのとでは大きな違いがあります。

「定番」と言われるジャケットも、実は毎年ウエストラインや着丈が変化しているからです。まずは、こうした**小さな違いに敏感になってみてください。**

次は、いつものファッションにちょっとプラスαで、変化を楽しんでみましょう。たとえばシンプルな白Tシャツをすっぽり頭からかぶった後、襟元をびよーんと伸ばして柔らかく首に馴染ませる。すると体操服を着ているようには見えなくなります。「着崩す」「こなれ感」と言うとハードルが高いように感じてしまいますが、服を自分に馴染ませるようにするといいのです。

メイクアップの方程式

メリハリをつけて地味からシンプルに

私はシングルマザーとなって、ほぼ10年ぶりに社会復帰した当時、自分を地味だと思っていました。配属先の営業部で、先輩たちは華やかなスーツを着こなし、マネージャーをサポートする事務の女性たちも毎日おしゃれを楽しんでいる様子で、すごいなあ、うらやましいなあと思いながら見ていました。

勢いだけで飛び込んだ営業畑は、想像をはるかに超える激務でした。元々器用ではないうえに、慣れない外回りをしなければならず、しかもいきなり現場を任されたので、「中途採用者の待遇は厳しい」と痛感……。即戦力、成果を出すのが当たり前という現実を突きつけられ心細さと不安が押し寄せていました。私にできることと言えば恐怖心を隠し、人前で泣かないようにすることだけ。それが精一杯……。

それでも、できるだけたくさん契約を取りつけなければいけません。ノルマも当然あります。月末近くになっても数字が上がらないまま、ぼんやりしている私を見て、優秀な先輩はイラっとしたのでしょう。こう一喝されてしまいました。

「そんなぼんやりした顔で契約が取れるとでも思っているの？」

でも私は現実に、残業続きで、疲れて家に帰っても座る暇はなく、娘に晩御飯を作り、掃除洗濯をするのです。一度座ってしまったら、そのまま気絶するかのように寝てしまうので「座らない」というワザを使っていました。

朝は疲れた顔でそのまま出勤するという負のスパイラル。

お化粧に時間をかける余裕もありませんでした。

とはいえ、自分では精一杯やっているつもりでした。でも顧客にしてみれば、**青白**

い顔をした営業の女性に「フランチャイズ契約、ありがとうございます。これから一緒にがんばりましょう」と言われても、ちっとも説得力がない、明るい未来が見えてこない、と感じたことでしょう。

このままではいけないと思い、口紅1本、明るい赤色を買いに行きました。学生の頃、きれいになりたいと素直に思えるきっかけをくれた人から「赤いリップが似合いそう」と言われたのを思い出したのです。

明るく元気な雰囲気を出すために、さっそく口紅を塗りました。チークを買う余裕がなかったので、同じ口紅を頬に薄く伸ばしました。

おかげで顔に赤みがさし、メリハリがついた私の顔。地味ではなくなり、「シンプルメイク」という感じになりました。仕事も順調にいくようになったのは、自信のあるマネージャーの顔に変わっていたからだと思います。

何もしない「地味」と、メリハリある「シンプル」は大きく違うのです。

＊ひとつ何かを足すと、「きれい」のきっかけになる。
＊「いつもきれいでいよう」「きれいな私を見てもらおう」と意識することが大切。

その意識がなければ、どんな美人も美人に見えないのだとわかりました。

そのことを誰かに伝えたいという想いが、今の仕事に繋がっています。

季節の新色を試してみよう

3年間、同じ色の口紅をつけていませんか？

バブル期などに、どんどんお金を使って、きれいにしていた頃の余韻が残っていると、新しい何かを取り入れるのが億劫になってしまう人がいます。

私にもそういう時期がありました。


反対に、私より下の世代だと、カラーメイクをする人は少なくて、ファンデーションだけで過ごしている人がけっこういます。

口元も、保湿目的のほんのり色づくリップクリームで済ませていたりして。

仕事に没頭していると、トレンドに気づかず過ぎてしまうことって、ありますよね。
会社と自宅の往復だけで一日が終わってしまう、そんな素っ気ない日が続いたら、自分をより輝かせてくれる新しい色を探しに出かけてみませんか。

季節の変わり目に、私はリップやアイカラーの新色を見に行きます。
新しい季節の新しい色を取り入れるためです。
メイクも服と同じで、試すことで「新しいきれい」に出会えるんです。

似合う色・似合わない色を見分ける力もつきます。
昔は似合わなかった色が今はしっくりくる、なんて発見もありますよ。

色のアップデートで説得力を出す

デパートの化粧品カウンターには、季節にちなんだ新色や期間限定カラーがずらっと並んでいます。きれいな色を見るだけで目の保養になり、気持ちがだんだん明るくなり、パワーがもらえます。誰もがきれいになりたい一心で、自分に似合う色を求める気力と活気に溢れているからでしょう。

だけど年齢を重ねると、「きれいな自分」を探究する心をつい忘れがちです。もしくは、仕事のことで頭がいっぱいで、それどころではないかもしれません。

すっかりお化粧から遠のいてしまった人も安心してください。自分の直観をもとに、気になる色を手に取るだけでもいいのです。好きなブランドがあれば、久しぶりに覗いてみましょう。

化粧品の力を借りて視覚を刺激し、忘れかけていた探究心を取り戻しませんか？

ビューティーアドバイザーさんとやり取りしたり、タッチアップされたりするのが苦手な人は、「ノープランで来たので今日は買わないかも」と最初に一言伝えておくといいですね。無理に買う必要はないのです。お店側も、すぐ買ってもらえるとは思っていません。

リップでもアイシャドウでもいいので、一番新しい色味を試してみてください。初めは違和感があるかもしれません。

今着ている服はずいぶん昔の物だし、今の自分に似合わないと感じることや、何となく唇だけが浮いて見えてしまって、似合わないと思うかもしれません。

それに、いわゆる「女優ライト」の付いた大きな鏡が鮮明に映し出す自分の顔を見るのはなんだか恥ずかしい、そんなときもあります。

でもそうやって、**長年アップデートしていない自分、古臭いイメージをまとっている自分に気づくことが大事**なんです。これはビジネスや子育て、人間関係にも繋がることなので覚えておいて損はありません。

実は、常に新たな自分に更新していないと、どんなにいいことを言っても、説得力が出ないんです。

「ああ、この人が話していることは新しい」「新鮮な情報を持っている」と感じてもらえるように、新色作戦でいきましょう。

ファンデーションの色が白すぎる、髪型がいまいちあか抜けていない、10年前の服を着続けているなど、気づいたことからひとつずつでいいので更新していきましょう。

ひとつ更新、ひとつ自信を持つ。

そんな要領で、ずるい美人になっていくことができるのです。

自分への投資はハイリターン

自分に似合う新色に出会ったら、投資と思って買って帰りましょう。

「自分へのご褒美」だとそれで終わってしまうけれど、**投資ですからリターンを期待して日々を過ごすのです。** すると、フレッシュな気分で、自信を持って仕事のプレゼンテーション、または子どもの授業参観日、お誕生日、さらには恋人との初デート記念日などに臨むことができます。

次の仕事が決まるとか、大切な家族や彼氏の嬉しい反応など、幸せなリターンがきっとありますよ。

デパートで新色をチェックしたけれど買わなかった人は、予算と相談しながらドラッグストアへ行ってみるといいですね。そこにも新色がたくさんありますし、先ほど自分を華やかにしてくれた素敵な新色と似たものを買うのも大いにあり、です。

新しい色にまだ抵抗があるときは、今使っている口紅の上に新しい色を重ねてみるといいと思います。

アイシャドウの色使いに迷ったら、きれいな色を一色だけ塗るときれいです。

何色も使って陰影を作る技も素敵ですが、心惹かれる新色をひとつ瞼にキラキラさせているだけでも気分は上がります。

コツは、あまり考えすぎないこと。

ずるい美人は、考えることよりも感じることを優先していいと思います。

「若づくり」という言葉に抵抗があるかもしれませんが、若々しく見せるのはいいことだと思うのです。若々しい活気とエネルギーを感じさせるメイクは女性に輝きを与え、魅力を増します。


自分のアップデートは自分が納得いくペースで、ゆるやかに更新していけばＯＫ。

常に自分の気持ちを優先してください。

コンプレックスは「伸びしろ」

顔の額縁とも言われる眉のメイクも、新しい方法で挑戦してみましょう。

印象ががらりと変わります。

眉は顔の印象を大きく左右する大切なパーツなので、プロに任せるという方法もあります。プロと言っても、いつも行く美容師さんにお願いするのでもいいし、ヘアメイク専門店ならば、20分もあればきれいにしてもらえます。自分で試行錯誤したあげく失敗するよりも、短時間で確実にきれいになるので安心だと思うのです。

私は35歳くらいまで、眉のお手入れはほとんどしていませんでした。若いうちは自然のままでよかったのです。でも、そのまま放置していたら、だんだんぼやけた感じになってきてしまって……。

きれいに見せるにはまず、現状を知ることが大切、と鏡をじっと見ていたら、私の自慢の眉はたちまちコンプレックスに変わりました。

けれども、コンプレックスって実は「伸びしろ」と言われています。

そこに気づけたら、きれいになるチャンス。

ペンシル、パウダー、眉マスカラの順で、丁寧に眉を整えました。

眉頭と眉尻の高さが左右同じになるように気をつけながら、淡く描いていきます。

どこから手をつけていいかわからない場合は、眉下だけでも整えるとすっきりして見えます。眉山の角度をつけるだけでもきりっとします。

パーツメイクの見直しと更新は、すぐには人に気づかれにくいのですが、あなた自身の自信を確実にアップさせてくれますよ。

強調するのは1箇所だけ

化粧品売り場のカウンターでフルメイクをしてもらうと、魔法がかかったように変身できますよね。そのテクニックを日常メイクに応用しましょう。

ただし、大事なのはメイクで強調して目立たせるパーツを1つに絞ること。目元、口元、頬など、顔のどこを目立たせたいかを決めてから、色の足し算を。

強調したい部分がわからないときは、**マンネリ化したメイクのルーティンを変えてみましょう。いつもと同じ手順を使わず、メイクの順番を変えてみるのです。**

ちょっと刺激的で、これまで気づかなかった魅力を発見することもできそうですね。

毎朝、眉からメイクをしているなら、口元から色をつけてみましょう。

その後で眉と目のメイクです。

新色アイシャドウを買ったなら、目元から始めて自分の目力を確認してみるのが楽しいですね。目というパーツの強みや、新しいチャームポイントが見つかります。

チークの入れ方はさまざまあり、ブラシを使って、こめかみから「くの字」を描くようにとか、頬骨を目立たせながら丸く可愛くとか、トレンドがいっぱい。

チークを使う目的は、頬に赤みを加えて幸せな顔色を作ること。自然に見せるには、どうすればいいでしょうか？　ヒントは、お風呂上がりの顔に隠されています。

ポッと上気して血色のいいほっぺたの、どこが赤くなっているか、よく覚えておきましょう。翌朝、その箇所へチークをさすと、自分に合った「幸せ顔」に。

仕事が思うようにいかないときなど、自信を失いかけたら即、鏡を見て頬に赤みをさしてあげましょう。幸せな顔色を作り出せますよ。

ヘア・ネイル・まつげの方程式

意外と多い、もったいない美人

美容院やネイルなどのサロンには、美人になれる情報が数多く集まっています。

いろいろなファッション誌を読めるのも嬉しいですね。日ごろ手にしないジャンルの雑誌に目を通してみることもできます。

ケア製品など美容グッズの好き嫌いについて、担当の人と話すのも非常に有効です。

「新しく出たヘアオイル、これ真由美さんの好きな香りじゃないよね」というように、私が買う必要のないものをプロがジャッジしてくれることも。

新商品でも自分にとって良いとは限らないのです。

美容サロンをみなさんがもっと定期的に活用すれば素敵な人が増えると思います。

というのも、たとえば髪のお手入れを怠っている人がたまに美容院へ行くと、「あ、行ったのね」と、すぐわかるからです。普段ブラッシングもしていないように見えたボサボサの髪が、急にツヤツヤし出すから。

ネイル、まつげも、**「美人なのに、もったいないな」「頑張ってるのにちょっと違うな」と思う方が、意外と多く見られます。**

ぜひ、プロの意見を参考にして自分の思い込みを外していきましょう。

美人に見えるかどうかは髪型で決まる

服や小物にはすごくお金をかけているのに、髪には無頓着な人がけっこういます。

高そうな指輪よりも何よりも、初めに目に飛び込んでくるのは髪。

美人に見えるかどうかは髪型で決まる、といっても過言ではありません。

後ろで束ねた髪に、後れ毛が……意識的に作った無造作ヘアなのか、ただ単にルーズなだけなのか、一目でばれてしまいます。

また、髪のツヤがある無しは、圧倒的に若々しさに差が出ます。人は顔を見たあと、髪型が目に入ります。その髪がツヤツヤしていることは、健康的な魅力を存分にアピールするためには欠かせない要素。

シャンプーやヘアオイルは「ツヤが出るもの重視」で、生き生きとした自分をプロデュースしましょう。

女性らしさを意識してのロングヘアでも、ツヤのないボサボサ髪なら、思い切ってカットしたほうがいい、という場合も多いです。

信頼できる美容師さんに担当してもらえば、必ずチャーミングに仕上げてくれます。

それにはまず、あなたの個性を知ってもらう必要がありますよね。あなた好みのセンスを伝え、これから作り上げるイメージを、美容師さんに掴んでもらいましょう。会社で着る服、お出かけの服、カジュアルな服と、いろいろな服装で美容院に訪れるのも、いいと思います。

髪に関する悩みはたいていい解決できる

個性と共に、量が多い、少ないとか、癖があるとか、悩みも人それぞれですよね。そこもやっぱりプロに見てもらってアドバイスを受けるのがベストです。

今はヘアケア製品の進化が進み、お手入れによってツヤやハリといった髪質をコントロールできる時代です。ぜひプロの意見を聞いてみましょう。

髪に関する悩みは今、たいてい解決できます。

美容師さんオススメのヘアケア用品、サプリメント、トリートメントをするタイミングなど、有益な情報をいろいろと教えてくれるはずです。

オススメの商品を買わなくてもいいんです。「こういうものが髪に必要なんだ」という知識を得られるだけでも有益です。聞かないよりも聞くほうが、絶対にお得。

美容師さんのカットの仕方で髪質が変わることもあります。高度なテクニックで上手にカットしてもらうと、もちがいいし、髪が生き生きと輝くようです。

美容院に行くのが半年に1度とか、年に1度という人は、もう少し回数を増やしたほうがよいと思います。

私が思うに、もちのいいカットであっても、スタイルをキープできる期限は2カ月くらいです。そのため私はずっと、月に1度は美容院へ通っています。

最近は白髪が増えてきたので、2、3週間おきに。

そうやって常に現状をキープしているので、よほどスタイルチェンジでもしない限り、「美容院に行った？」と人に言われることはありません。

美容院へ行ったことを気づいてもらいたい人が多いかもしれませんが、私は気づかれないくらいがいい、と思っています。それは自分が作り上げたイメージをちゃんとキープし続けられているな、という証でもあるからです。

ネイルのおしゃれ上級者になろう

多くの人が「素敵ね」と感じるネイルの色は、ベージュ系です。色気と同時に品のよさを感じさせるヌーディーなピンクベージュ、またはグレージュが大人気なのです。そうしたネイルカラーは肌の色を明るく見せてくれるのでとてもいいですね。着る洋服を選ばず、幅広いファッションにマッチする点も魅力です。

ネイルに関してもったいないのは、はがれたり、やりっぱなしで、そのままにしている女性。**忙しさなどで、こまめに塗り替えることができない時期は、ネイルをやめておいたほうがよいでしょう。**お手入れの機会を逃したネイルは清潔感を損ないます。「ずるい美人」は清潔感を大切にしてほしいのです。

同様にゴテゴテと過度にデコレーションしたネイルも、指先の品格のためには引き算するのがよいと思います。

でもフットネイル（ペディキュア）ならば、目から遠い位置にあるので、思い切り大胆に色で楽しんでいいと思います。目が覚めるような真紅やブルー、グリーンにチャレンジするのもいいですね。

足元を飾る鮮やかな色が目に飛び込んでくるたびに、テンションが上がります。

サンダルを履く夏場だけフットネイルをするという人が多いようですが、私としては、年間を通して楽しむのもおすすめしています。

冬のペディキュアは冷たい足元を温かく見せてくれるから。タイツの下に隠れていても、その華やかな色を思い出すだけで心が温まるような気がするのです。

まつげは「バサバサ」よりも「ふさふさ」に

まつエクには、その時々のトレンドがありますが、30歳をすぎた大人の女性は、「バサバサ」から「ふさふさ」にシフトしたほうがいいと思います。

また、太さと本数を控えめにすると、無理に若作りをしているというふうには、思われにくいでしょう。

マスカラ愛用派の方の場合は、ボリュームよりも長さを重視するとよいですね。長いまつげは横顔をきれいに見せてくれる強い味方。

ちょっと目を伏せたりすると、よりいっそう魅力的に見えます。「うわ、すごい美人」と思わせることができるのも、そんな一瞬なのです。

下まつげは、真ん中を特に長く伸ばすようにするときれいです。

でもまつげは長ければ長いほどいいというわけではないので、自分にとってどのくらいの長さが最適か、鏡に横顔を映して、よく研究しましょう。

第3章

ずるい美人の会話術

「はじめまして」がオンライン上になることも日常に増えている今。
画面越しでも、自分や相手の想いがより早く確実に分かり合える、
そんな会話の知識や話し方を知っているのがずるい美人。

相手の耳に入る言葉をいかに心地よく、
ポジティブな言葉にして届けるかが、
印象のよさと、信頼関係を築くカギになるのです。

美人はみんなを幸せにする言葉を選ぶ

自分にも人にも「おはよう」の挨拶を

今朝、あなたもきっと家族や大切な人に「おはよう」と言葉をかけたことでしょう。

「おはよう」の一言で、お互いに気分がよくなり、そのあとの会話がスムーズになりますよね。

「おはようございます」「こんにちは」と挨拶するのは、そこに相手の存在を認め、「あなたがいてくれてよかった」とポジティブな気持ちを伝えるため。

挨拶がなければ、存在を無視することになってしまいます。

だから挨拶ってとても大事。

私は自分にも挨拶しています。朝起きるとすぐ、「おはよう。素敵な朝だね。今日もがんばろうね」というように。

自分に挨拶するなんてなんだか恥ずかしい、と感じる方ももちろんいると思います。ただ、私の経験からいうと、「なんだか恥ずかしい。照れちゃう」というのは、実は「やってみたい」ということ。何か行動を起こす際の原動力なのです。

「こうできたら素敵」「こんな振る舞いをする自分は粋だな」と憧れる気持ちがあるから照れてしまうのです。

これを機に、自分に「おはよう」と言ってみませんか。まだ眠いし、体がだるいときもありますが、そんなときこそ自分を自分で気分よく！

まず自分が嬉しくなり、人も嬉しくさせるような言葉かけをしていくのが、ずるい美人の1日のはじまりです。

朝の優しい一言が幸せな一日を作る

自分にも「おはよう」が言えるようになったら、次のステップへ進みましょう。

朝、まずは家族の顔を見て、相手を気遣う優しい言葉をかけてほしいのです。


「寝る前、少し喉が痛いって言ってたよね。今朝は大丈夫？」

「ダイエットで夕ご飯控えめにしたから、朝ごはんが楽しみよね」

「足の疲れ、軽くなってるといいね」

というように。


「よく眠れた？」と聞いてあげるだけでもいいと思います。


相手を思いやる言葉は、自分の耳にも優しく響くもの。

より気持ちのいい朝を過ごすことができますよ。

気忙しい朝こそ、優しい言葉が一日の無事を約束します。
身支度を整えて出かけようとしている娘に、
「そのコーディネート素敵ね。特にスカートの赤が映えてる！　気をつけて行ってらっしゃい」
と玄関先で伝えると、娘は電車の時間を気にしながらもにっこり笑顔で、ダッシュしていきます。

しばらく会っていない友人がいて、「あの人どうしてるかな」と思ったら、夜ではなく朝か午前中に連絡をして、清々しい一言をお届けするのがいいと思います。

「よい一日になりますように」

通勤電車の中でこんなメッセージを目にしたら、思わず笑顔になりますよね。

小さなワードがもたらす大きな変化

目上の方や、取引先の人が何かをしてくれたとき、どんな言葉を口にしていますか？

「すみません」と言って頭を下げることが多いでしょうか。

それは間違いではないのですが、謝ったりお詫びするよりも、「ありがとうございます」と感謝の言葉を口にするほうが、より好印象です。


かつての私もそうですが、「すみません」が口癖になっている人は多いようです。

けれども、ずるい美人に「すみません」の言葉は似合いません。

相手の方の目を見てにっこり微笑み、やってもらったこと、かけてもらった言葉に対して素直に「ありがとうございます」と言ってこそ、ずるい美人です。

それに「すみません」ばかり口にしていると、お互い緊張もほぐれませんよね。だんだん姿勢が悪くなっていく気もします。

「ありがとう」の一言は、場の空気をなごませ、うちとけてくつろいだ雰囲気を作り出します。笑顔で伝える「ありがとう」なら、華やぎもプラスされますね。

また、「今日はきれいだね」と言われて、昨日はきれいじゃなかったのかなと気になった。そんな経験はありませんか。

同じ褒められるなら、「今日もきれいだね」のほうが、より嬉しいというもの。

「今日は」なのか「今日も」なのか。「は」と「も」の違いがあるだけですが、この小さな違いが大きな変化をもたらします。

仕事なら、何げなく「この仕事をやってくれますか?」とお願いされるよりも、**「あなたにこの仕事をやってもらいたい」と言われたほうがやる気が出ますよね。**

ずるい美人は、そんな気配りもできるからこそ、美人だと感じさせることができるのです。

ネガティブな言葉をポジティブに置き換えよう

ここで、ちょっと思い出してみてください。

飛行機の客室乗務員さんによる、到着地の気温のアナウンス。

「現地の気温は○○度。寒いのでお風邪などひかれませんよう、お気をつけください」

「現地の気温は○○度。暖かくしてお過ごしください」

どちらの言い方がより好ましいと感じますか。


私の場合、「風邪をひかないで」と言われると、どうしても「風邪をひいて咳やくしゃみをしている自分」を想像してしまうので、あまりいい感じはしません。

「暖かくしてお過ごしください」と言ってもらうと、「暖房の効いた部屋でぬくぬくとあったまっている自分」をイメージすることができ、いい気分になります。

否定形よりも肯定形で話すと、よりよい印象を与えることができるのですね。


コミュニケーション手法のひとつに、「ペップトーク」というものがあります。

「ペップ」とは、元気・活気・活力という意味。

そして「ペップトーク」とは、**自分や家族や仲間にポジティブな気持ちを伝えて元気づけるコミュニケーションスキル**のことを言います。


日本を代表するアスレティック・トレーナー岩崎由純氏がアメリカのスポーツの現場で学んだ「勇気を与える感動のスピーチ」を元に確立しました。

誰でもすぐに実践できるシンプルな手法なので、みなさんにもぜひ試してほしくてご紹介します。


岩崎先生から、こんなお話を伺ったことがあるんです。

オリンピック選手のコーチが選手にかける言葉は常にポジティブでなければいけな

い、ネガティブな言い方をするとネガティブな結果になる、と。

「このあと一回も失敗しなければ大丈夫。メダルは獲れる」
「今までやってきたことを精一杯やろう。メダルは獲れる」

前者の言い方をされた選手は「失敗」という言葉に引きずられ、本番でミスをしてしまいがちだというのです。

後者の言い方をされた選手は全力を尽くすことができ、見事メダル獲得となる、というわけですね。

このように物事を否定するのではなく、肯定的に伝えることの効用が、社会全体に普及しつつあるように感じます。

学校の廊下に貼られた注意書きも「廊下を走るな」から「廊下はゆっくり歩きましょう」に変わったところが多いと聞きます。

「走るな」と禁止するのではなく、「ゆっくり歩いてほしい」と具体的に示して行動を促すと効果的なのですね。

公共のお化粧室の貼り紙は「汚すな」から「きれいにお使いいただきありがとうございます」に変わっています。

実際きれいなお化粧室が増え出したので、効果抜群だったのは一目瞭然。

ネガティブな言葉をポジティブに置き換える。
すると人は元気づけられ、行動が変わります。

そう、ずるい美人が、自分にも周りにも使う言葉にぴったりなのです。

人それぞれの「強み」を言葉にして褒める

研修やコンサルティングの仕事をしていると、ほんの数時間ご一緒しただけの方に対しても、その方の強みを見つけて、「あなたはこういうところがすごいですね」と言ってさしあげることができるようになります。

嘘や適当なことを言うのではなく、**話し方、佇まい、気遣いの細やかさなど、それぞれの持ち味を的確に言語化していきます。**

「あの人はいい人だ」「よくできた後輩」「優しい同僚」と褒めるのは誰にでもできることですが、もっと具体的に、どんなところがいいのか褒めるのがずるい美人。

「あ、あの人はよく見てくれている」と特別な感情を持ってもらえます。たとえば、

「人の話を聴くときの姿勢がいい」

「先輩の指示を先取りする頭のよさがある」

「誰に対しても親切で、いつも笑顔で接する優しい性格」


言われた当人は当たり前のことだと思っているかもしれませんが、褒められるとやはり嬉しいことですよね。

それに、人は意外にも、自分の長所に気づきにくいもの。

「そんなことで褒められるとは思わなかった」

「そんなことが強みになるとは考えてもみなかった」

と驚かれることもよくあります。

この機会に、あなたも同僚の強みを10個挙げてみましょう。
家族、長い付き合いの親友、恋人のよいところも、改めて言葉にしてみてください。
✳話を熱心に聞いてくれる
✳ランチの趣味が合う

✳洋服のセンスがいい
✳仕事の期限を守る
✳デスク周りがいつもきれいに片付いている
✳愛犬家
✳笑顔が素敵
✳指が長くてきれい
✳仕事の間違いに気づいてくれる
✳タイピングが速い

などなど、数え上げればキリがありませんね。

「いいご縁に恵まれたなあ」と改めて感謝したくなるでしょう。

人を褒めることで、その人のことがもっと好きになります。褒められた人は、褒めてくれた人のことが好きになります。

ずるい美人のまわりには、そうした素敵な関係性が生まれるのです。


また、誰かが誰かのことを褒めていたら、本人に伝えてあげるとよいですね。

「○○さんがあなたのことを、○○○だと褒めていたよ」と。

人を介して届く褒め言葉は、面と向かって褒められるよりも何倍も嬉しく感じませんか。お世辞と違って嘘がない、と思えるからでしょうか。

「誰々さんがあなたのこと、いつも電話応対が丁寧だと褒めていたよ。辛い月曜も明るい気分になるって」と、**まるで自分が褒められたかのように嬉しそうに教えてあげましょう。「私もそう思っている」という気持ちが伝わります。**

逆に、陰口、悪口、ゴシップの類いを耳にしたら、その場をすっと離れましょう。悪い話はものすごいスピードで広まるので、巻き添えをくわないよう、急いで逃げ出すのが得策です。

よい噂は、じわじわゆっくりと広まります。もっと速く伝わればいいのに、と私はいつももどかしく思うので、「○○さんがこう言ってあなたを褒めていたよ」と仲介に努めています。

よい噂話を運んで喜ばれる人は、花と花の間を飛び交う蝶々のような美人です。

オンライン会議で評価を上げる話し方

仕事をするうえで、リアルの場だと、前後の雑談や相手の顔色を見て報告の順番を変えたりする、何となく会話上手な人、いわゆる空気を読める人がその場をうまく凌いでいたかもしれません。でもオンライン上だとごまかしが効かないからか、そういったことがなかなか難しいことがわかってきました。

逆に大きなチャンスがやってきたのは、これまで上司にうまく話せなかった人、冗談や軽口が苦手な人、今まで仕事の成果を見せることが得意でなかった人たち。ざわざわとした雰囲気はほぼないまま、本題にすぐ入れるからです。

準備すべきは、ストレートに数字やプロセスを伝える報告、ムダのない話し方のみで、基本的にOKです。

ムダのない話し方のコツは、まず自分の口癖に気付くこと。

「ちょっと…」「たぶん…」など、言葉の後先にうっかりつけてしまう口癖はありませんか？　私自身がまだなかなか習得できないのがこれです。

尊敬する講師の一人に、全くムダのない話し方をする先輩がいます。

6時間話しても「えー」や「あのー」なんて一言も出ません。その先輩に教えていただいたのが「**自分が何を話しているのかを意識する**と、かなり話し方が変わってくる」ということです。前述のように、人は自分の口癖にも気づいていない場合が多々あります。自分は冒頭、文末がすっきりと話せているか、一度試してみてください。

また、あいまいな言葉も整理するとより話が伝わりやすく、「仕事ができる」という印象を作ることができます。

たとえば「だいたい」を「3日以内に」、「なるべく早く仕上げます」を「来週月曜までを目指して仕上げます」など、自分にも相手にもより具体的に示すことで仕事も捗り、行き違いや思い込みを確認することができるのです。

自分が思っている「なるべく早く」は「来週月曜まで」と思っていても相手は「今週中に」を考えているかもしれません。毎日何げなく使っている言葉を**はっきり相手にわかりやすく具体的にするだけ**で、期日や約束事を確認する習慣が身につきます。

とはいえロボットではありませんので、自分の感性もどんどん取り入れて話してみましょう。

事実を事実として話すことに加え、自分の感覚や感想も遠慮なく両方話すようにすると、豊かなコミュニケーションが期待できるのです。たとえば、

「(事実)実績は昨年より10%上がりました。(感想)今のチームは雰囲気がとてもいい感じなので来月さらにいけそうな予感があり、わくわくしています」など2つをセットにすると、魅力的な話し方となり、かつ仕事に深みを持たせることができます。

この話し方ができるようになると、プレゼンや企画にも自信がつき、相手の話の内容に興味を持てるようになります。事実はどれか、感情や感想はどの部分かを聴き分けていけば自然と質問する力もついてきます。

オンライン化は無駄をなくし、自分の表現力を磨く素敵なチャンスです。まだリアルに会えていない人とも豊かな人間関係が期待できると私は考えています。

声のトーンも操りましょう

声の大きさは自分自身でも調整して、高低差やメリハリつけると魅力的な話し方ができます。

オンラインでは空気感が読めないので、つい一本調子で話してしまいがちですが、画面越しに聴覚を研ぎ澄ませている聴く側は、長時間になると疲れてきます。

地声の高い低いは個人差がありますが、自分の話で**ココが大切！　重要！　という箇所では低音でどっしりと話します。**女性は甲高い声で話しがちなので、耳を傾けてもらう箇所を、低めの声で話すことで信頼感が出ます。

電話では声だけの印象になるので、元気良い高めの声——ドレミファソラシドの「ラ」くらいの高さが好印象ですが、電話以外の日常では**低い声の方が人の注意を引き説得力が深まり**ます。

日ごろから声の高低差を意識し、メリハリをつけて話す習慣をつけると自信を持って話せるようになりますよ。

ずるい美人のチャット術

喋るだけでなく、チャット機能を自由に使えるミーティングであれば、話しを聞く側が**心に響いた言葉やメモしておきたい内容を全員に向けてさりげなく入力して発信**してみましょう。話の内容に反応し、フォローすることで、双方向コミュニケーションが可能になります。また、参加意識が高まります。

たとえば話し手が「提出期日は○月○日です」と話せば、「期日守ります！」とチャットします。

「みんながんばってくれたから成果が出ました」と話す上司がいれば「部長のおかげです！」などと上司を称える言葉を入力します。

でも、いきなりカタカタとチャットを始めると話し手が驚くので、ミーティング開始の際に「会議を盛り上げるためにチャット機能を使いませんか？」など、一言提案してみてください。

インスタライブのような話し手の言葉を拾うチャット参加は、**相手も自分も気持ちが前向きになり、オンライン上での交流が深まります。**

リモートワークで、なかなかリアルに会えない人とも、ちょっとしたルール決めを提案することで信頼関係を構築することができるのです。

磨くべきは、支えてくれる人へ届ける言葉

保険業界トップセールスマンの友人Kさんがいます。知り合って間もない頃、私が裏方を務める大きな交流会のゲストスピーカーとして彼が参加してくれました。

今でも忘れられないのは、忙しく動き回る私に彼がさりげなく近寄り、「お疲れ様です。見えないところで動いている真由美さんが一番大変ですよね。すごいと思います」と言って丁寧にお辞儀をしてくれたことです。

疲れが吹き飛ぶ温かい言葉。

陰で動く人を労える言葉を磨くことの大切さを実感しました。

もうひとつ印象的だったのは、そのときの彼は学生みたいなポロシャツ姿でしたが、あれよあれよという間に業界ナンバーワンに昇り詰め、仕立てのよい高級スーツがよ

く似合う人になったこと。

彼には多くのことを教えられました。人がどこを見ているか、敬意を払うべき人はどこにいるのかを常日頃から考えるようになったのも、そのひとつです。

不平不満を言わずに、やるべきことをやっている人はたいてい、口数が少ないものです。余計な話をする時間などない、と寸暇を惜しんで仕事に取り組んでいます。

そのように**真面目にやっている人にこそ、御礼や感謝の気持ちを伝える**ようにしたいと思っています。

黙々と仕事をこなしている人に声をかけるのは、仕事の邪魔をしてしまいそうでためらわれることもありますが、「お疲れ様です。いつもありがとうございます」と一言伝えて、さっとその場を離れるというのは、ものすごく素敵なことだと思うのです。

エレベーターの点検をしている人、エントランスの掃除をしている人など、毎日すれ違う人もそうです。

「あなたがいてくれるので安心です」

「みんな、とても助かっています」

「大きな成果に繫がっています」

というように、その働きぶりを労う言葉をさりげなく届けましょう。

会議やミーティングの場でも

会社や組織、趣味のグループなどのコミュニティの中にも、寡黙な人って必ずいますよね。みんながみんな積極的な人ばかりではありません。数人で話し合うミーティングや会議の席で、一度も発言しない人もいます。

そういう人って口数は少ないけれど、なぜかその場にいてくれるだけで安定感たっぷりだったりすることに、あるとき私は気づきました。みんなの話を見守るかのように丁寧に聴く姿勢を持っている人なのです。

それで、あるミーティングのとき「何か話したいことがあるかもしれない」と、あえて話をふってみました。賛成意見でも反対意見でもいいから聞かせてほしい、と。

そうしたら思った通り、説得力ある意見を穏やかな口調で発言してくれたのです。その内容は、チーム力がさらに高まる貴重な意見でした。

そして、「声をかけてくれて嬉しかった」と、後で言ってもらえたので、思い切って声をかけて本当によかったと思います。

人は、どう振る舞うかを自分で決めることが一番大事です。

時には失敗することもあるけれど、失敗するからこそ改善点が見え、そこからさらに成長できる余地＝伸びしろが見えてきます。人にもきっと優しくなれる。

そうやって人は、自分にも人にもよい影響力を持つ「ずるい美人」になっていくことができるのだと思います。

第4章

嫌われないのも、ずるい美人

「ずるい」という言葉には、ネガティブなイメージがつきまといます。
でも「あの人は美人で、ずるい」と言うときは、憧れや羨望、
自分もそうなりたいという願望など、
ポジティブな要素を含んでいることも。
プラスとマイナス、両方の思いが混じり合っている状態なので、
上手に振る舞えば、プラスの印象だけを残すことが可能です。
「あざといのに、嫌いになれない」。そう認められるのが、ずるい美人。

美人になるためにがんばっている、努力しているから
嫌われないのです。

注目を浴びることに慣れていこう

「わたしなんて」「どうせ」を、しまう

「きれいでいたい」「いい印象を与えたい」という気持ちを持って前向きに生きていれば、必ずよい結果が出てきます。

毎日少しずつ美人になっていくあなたに、

「今日は何か特別な予定でもあるの？」

「大丈夫？　服もメイクも少し派手じゃない？」

なんて皮肉を言う人がいても、気にしないでください。

それはあなたが「ずるい」とやっかまれるほど美人になったというサインです。

そして何度でも言われ続けましょう。ちやほやされることに慣れてほしいのです。

「わたしなんて」「どうせ地味だし」と謙遜する気持ちや言葉は、しまってください。


あなたがどんどん素敵になっていくので、周りの人は戸惑っているのです。

次のステップに上がろうとしているあなたを見てうらやましくもあり、抜け駆けされるようでくやしくもあり……そういうときは、ちょっと優しくない心理が働くものですよね。

だから時として人は、あなたを元のあなたに引き戻そうとして、皮肉や嫌味や意地悪を言ったりするだけなのです。

美人オーラが周りを動かす

「なんで、あの人の仕事は高く評価されるのかしら。裏取引でもしているんじゃないの」と陰でささやかれることもあるでしょう。

悪い噂が立つことも、美人につきものの代償なのだと割り切って考えてください。

自分に恥じるところがなければ、正々堂々としていられます。

あなたが人知れずこっそりやっているのは、不正な裏取引などではなく、「きれいでいたい」「いい印象を与えたい」という気持ちを添えて行動すること。

ただそれだけですから、噂や陰口は受け流しておけばいいと思います。

皮肉や嫌味や意地悪なんて、そういつまでも続くものではありません。

毅然とした態度を貫くあなたに、周囲は好感を抱き、「あのひと美人だよね」と認めるようになっていくでしょう。

自分勝手ではなく、相手を気遣うことができる心地よい自分に、自信がつきます。

職場の人間関係はこれでＯＫ

上司奥様の心を掴んで脱愛人キャラ

女性がバリバリ仕事をして成果を上げると、男性の上司やクライアントと特別な関係にあって目をかけてもらっているのではないかと、あらぬ噂が立つこともあります。

私もバツイチ独身の身で仕事をする以上、一応覚悟はしていました。

でも実際に体験してみると想像を上回る辛さで、「いばらの道」そのもの……。

不器用でしたが、真面目に、的確に仕事をこなしていたつもりです。その結果、予想外の速さで役職に就くことができたのですが、周囲の目には、上司とデキてるから出世した、と映ったようです。

今の私なら「美人だからいじめられても仕方がない」と、開き直ることもできます。「本当に上司とデキていれば、もっと出世できたはず」と言い返してやることもできます。

でも当時は、根も葉もない噂に心を痛めてトイレで泣いていました。

熱心に仕事をすれば上司とコミュニケーションをとる機会が増え、距離も縮まります。だから上司の気持ちを察知できるようになっていくのは、自然な流れでしょう。ところが、周囲はそんなふうに好意的に見てくれないことがあります。「あれは愛人だよ、絶対そうだ」と陰でコソコソ言われるどころか、はっきり聞こえるように言われたりもするのです。これはもう陰口というレベルを越えて、明らかに嫌がらせ、いじめに近いと思うこともありました。腹が立ってたまりませんでした。

私は再婚もしたいし、当時の彼氏もいたのですから、愛人呼ばわりされて黙ってなどいられません。愛人キャラを背負わされるのは、まっぴらごめんです。

そこで、あれこれと戦略を立てました。

上司へのお礼状や贈答の機会があれば必ず、宛名を上司と奥様の連名にして送ることにしたのです。そうして**奥様の信頼を勝ち取り、噂を封じ込める作戦です。**

どう噂されていても、逃げも隠れもしないで自分の存在を明らかにすれば、奥様も安心してくださるでしょうし、私も仕事がしやすくなります。

さらに、**上司に頼まれて奥様に電話を入れるときは、ただご用件を取り次ぐだけでなく、できるだけお話をして距離を縮める**ようにしました。

それが功を奏して、次第に奥様が私に親しんでくださったので、次は、私という人間は噂されているような**愛人タイプではなく、むしろ「お父さんキャラ」か「おじさんキャラ」に近いのだということを、それとなく笑い話にしてアピール。**

上司と雑談しながら、奥様の話で盛り上がるようにもなりました。

その様子を見て、噂を本気にする人は一人もいなくなったのです。作戦は大成功。

きっと今、あの頃の私と同じ境遇に悩んでいる方もいらっしゃるでしょうから、もう少しアドバイスをさせてください。

お中元やお歳暮の時季は、日頃の感謝の気持ちを込めて、（噂になっている）上司のお宅にちょっとしたお菓子などをお贈りし、奥様に自分の存在と名前を知ってもらうようにするとよいですね。

奥様にお会いする機会があれば、絶好のチャンス。お贈りしたお菓子の感想を伺ったり、好みの食べ物をお聞きしたり、ほかにもいろいろとおしゃべりをして、奥様に惚れていただくくらいの勢いで仲良くなるようにしましょう。

そして何かあればすぐ連絡が取れる距離感でおつきあいができればベストです。

そこまでやるのがずるい美人。

常に周囲への配慮を忘れず、前向きに行動していくことが大切だからです。

母キャラ姉キャラを演じるのもアリ

みなさんのなかにも、共に仕事をする男性の同僚や上司、取引先の方との間に、恋の噂が立つこと、なきにしもあらずですよね。そうならないことのほうが多かったとしても。

恋愛対象として考えられない男性に対しては、「お母さん」または「お姉さん」ポジションで接するといいのではと思います。

年上とか年下とかいうことに関係なく、優しくて頼れる母か姉のようになってみる。周囲に余計な詮索をされないようにするには、とても効果的な方法です。

「本当のところどうなの？　やっぱり、あの二人あやしいんじゃない？」と疑いの目で見る人がいても、「違います、違います」なんて、いちいち否定せず、ただ黙っていればいいのです。

年齢とキャリアを重ねても、美人は余計な詮索をされがちです。

それだけ関心を持たれているということですね。

ですから男性が多い仕事の場では、母キャラか姉キャラを演出してみてください。

嫌われない上司になるための、ずるい術

あなたにとって、苦手な世代ってありますか?

また、男性と女性とでは、どちらが話しやすいでしょう?

たとえば、上司とはうまく話せるけれど後輩との会話は長く続かない、ということがあるかもしれませんね。また、女性ばかりの職場なので、毎日気を使いすぎて疲れてしまう、なんてこともあるかもしれません。

会社員時代の私は、どちらかというと女性に優しく、男性に厳しかったと思います。

同性に嫌われたくないという気持ちが強かったのです。これも一種の媚び、ですね。

けれども管理職に昇進し、指示や命令を出す立場になると、そうそう周りに媚びて

いられません。ではどうすればいいかと考えているうちに、**家族構成を意識してポジショニングを決める**と仕事によい影響がある、と気がつきました。

うちの場合は、私が長女で、4つ年下の妹が次女です。父は次男で、母も次女でした。私以外は皆「2番目の子」で、「長」の気持ちがわかる人がいなかったのです。そのせいか、私は家族みんなから「お姉ちゃん」と呼ばれていました。父にとっても母にとっても、私は子どもであると同時に、姉のような存在だったかもしれません。父は亡くなる寸前、病床で私に「お姉ちゃん、後は頼むね」と言い、まるで本当の弟であるかのように、いたずらっぽく笑って甘えていました。

妹は幼い頃から体がそう強くなかったため、甘えん坊です。守ってあげなければいけないという思いから、自然とお姉ちゃんは頑張ってきました。

いつもそうでした。「お姉ちゃん」、そう呼ばれるとついがんばってしまい、頼られることに小さな誇りと喜びを感じてしまう。それが私です。

みなさんも似たようなことが、仕事の場でありませんか？

年齢に関係なく、姉または兄のポジションに就くのが自然な人もいれば、妹または弟ポジションにいるほうが上手くいくという人もいます。

私自身は姉ポジションにいると納まりがいいのですが、私と同じように典型的な長男長女タイプの人と仕事をするときは、相手にリーダーの権限をさっと譲ってサポート役に回るようにしています。

私と異なるタイプの人と仕事をするときは、妹または弟だと思って、あえておだてでみると気分よく働いてもらえることがあります。妹や弟は常にリーダーに憧れているので、リーダー役のポジションを作り、「すごいよ！　リーダー」と認めて褒めてあげるのです。それはもう、あざといくらいにやります（笑）。

「え、そんなことしてるの？　ずるいよね」と言われてしまいそうですが、決して悪いことではなく、**効率よく相手の強みを引き出し、仕事の成果が出しやすいこと**だと、自信を持ってそうしています。

それに、意識して人を立てていると、いつか必ず誰かが自分を立ててくれる。

ずるい美人はそれも知っているのです。

自分の立ち位置を決めるとうまくいく

女性である自分の気持ちをわかってくれるのは、やはり同じ女性の方だと思います。

ただ、女性同士だと、お互いに本音の部分がわかりすぎてしまうため、衝突しやすいのが難点です。

でも、もしこれが姉妹の関係だったら？　家族を攻撃して傷つけるようなことは絶対にしたくない、と思いますよね。身内だからこそ、時に厳しいことも言うけれど、基本は温かく見守ることでしょう。


……というように、**家族構成を意識して自分の立ち位置、相手の立ち位置を想定すると、仕事でもプライベートでもうまくいきます。**

気持ちをわかってくれる大切な存在に感謝して、彼女の「お姉さん」になるのか「妹」になるのか、考えてみることをおすすめします。

年上の方とよい関係を築くコツ

年代が違う人と話をするとき、あなたはどんなことを意識していますか？

私の場合は、年上の方と年下の方それぞれから、自分にない新たな情報を得て、自分の成長に繋げたいと考えています。そのためにうまく会話を誘導していきたい、と意識しています。

年上の方に対しては、自分と同じ年齢の頃は何をされていたのか、どんな経緯で今の仕事を選んだのかなど。具体的な質問をして教えていただくことで、お互いの距離がぐっと縮まり、親近感が増します。

年上の方が話してくださることは全てが学びに繋がります。

先に生まれた方への尊敬の念を大切にしましょう。

気になる先輩がいたら、「憧れています」「ベンチマークさせていただきます」と、私はすぐ、素直に自分の気持ちを伝えてしまいます。

八方美人でもよいと思います。憧れの対象が多いほど、学びの機会が増え、仕事が楽しくなりますよ。

恋愛感情ではなく、人間として好き。そういう意味で「先輩好きです」と告白すると、「仕方ないな」と笑って受け入れてくれることがよくあります。

そんなふうにして、憧れの人の領域に少しずつ入れてもらうとよいですね。

人は、自分を慕ってくれる部下や後輩がいると、情報でもなんでも、惜しみなく与えたくなるもの。

教わり上手、聞き上手になってそういう心理を仕事に活かしていきましょう。

年下から好かれる術！

年下の世代とは、その人と同じ目線で楽しみ、笑うことを、私は心がけています。**若い人の感覚や視点を尊重し、彼らが面白いと思っているものに興味を持ち、教えてもらおう、勉強させてもらおうとする姿勢です。**

時として、それがビジネスに役立つこともあるんです。

流行っている漫画を読んでみるのもいいですね。『キングダム』という漫画は、リーダー育成術の参考になりました。

私は漫画もゲームも好きなので、ゲーマーであることを職場でカミングアウトしました。自分では「マニア」と格好つけて言ったのに、「それってオタクですよ」と、20代男性社員に諭されてしまいましたが（笑）。

上司の面目まる潰れ？　いいえ、そんなことはありません。その男性社員はそのときすでに、年齢を超えて私という人間に興味を持ってくれていたのです。

若い女性に人気のリップやマスカラを買って、使ってみるのもいいと思います。共通の話題ができるので、**年の差や立場の違いを超えて、遠慮なく話ができるようになります。**すると本当に、空気がガラッと変わります。

若い人たちにとっても、上司や先輩を恐れたり萎縮したりせずに気楽に話ができるのは、とても嬉しいでしょう。いったんそうなれば、男女問わず、恋愛相談で盛り上がったりすることもできますね。

ただ、気をつけなければいけないことが、ひとつあります。

年下の世代に、自分の考えや価値観を押しつけてはいけないのです。

アドバイスを求められたときは、全力で自分の知識や情報を伝えていいけれど、**聞かれてもいないのに意見や助言を授けるのは、やめましょう。**

余計なおせっかいは嫌われます。

聞きたい人にだけ届ける。これが年下から好かれる術！

たまには愚痴をこぼしていい

「お互い、腹を割って話しましょう」と言われて、うっかり本音をもらしたら弱みを握られ、思いもよらない方向に話が進んでしまった。そんな痛い経験があります。以来気をつけているのですが、そのまま**本当の気持ちをどこかにしまい込んだままだと、自分も疲れますし、周囲も気疲れしてしまう**ときがあるようです。

みなさんは、仕事仲間に弱音を話せますか。

どんなに忙しくても微笑みを絶やさず、悪口には同調せず、意見を求められても「私にはよくわかりません」と口を濁し、ひたすらストイックに仕事をこなし、職場で辛いことがあっても自分ひとりで気持ちを整理し、涙を拭いてから家に入る。

弱音を吐かずにがんばり続けている人って、たいていそんな毎日だと思うのです。

でも、苦しいのは自分だけではないんですよね。

私の場合は同僚から、「見ているこっちが苦しくなります。私たちは一緒に仕事しているチームではないのですか？　できることがあれば言ってください」と言われてしまいました。

周囲に迷惑をかけてはいけないと思って耐えていたけれど、かえって周りを苦しめていたのだと、はっと気づかされました。

そんなことをきっかけに、自然と考えがこう切り替わったのです。

「弱さを見せてもいいんだ。**弱みもさらけ出す覚悟をしてこそ、強みを発揮できる**」

その後は、ごくたまにですが愚痴もこぼせるようになりました。

周囲に悪影響があるかもしれない、なんて心配することはないんですよね。

「はぁ、上からまた無茶ぶりがきたわ」と私がため息をつくと、「もう最悪ですよね、早く片付けてしまいましょう」とチーム全員がスピードアップして動いてくれます。

「福山さんが愚痴ってくれて安心しました」と言ってくれる部下もいました。

いつもピンと張り詰めているような人は、たまに愚痴をこぼしてみてください。

周囲はきっと、ほっとします。

その頃、家でも同じようなことがありました。できるだけ仕事での辛いことは家に持ち込まず、インターホンを押す前にほっぺたをパンパンと両手で叩き、笑顔を作って帰宅していたのです。でも作り笑顔に限界があったのでしょう。

「ただいま！」と元気を装って帰ってきた私を見て、娘がこう言ったのです。「ママ、泣きたいときは泣いてもいいよ」と。まだ小学低学年の子が健気にも母親を慰め、支えようとしてくれている……。はちきれそうな母親の心をどうにかほぐしてくれようとして出た言葉は、一生忘れられない言葉の贈り物でした。

その瞬間、胸の奥にしまっていたものが溢れ出し、私は玄関で泣き崩れ……それこそ子どものようにおんおんと泣き続けました。

その傍らで娘は、私がいつもするように、背中をそっとなでてくれました。

そんなことがあってから、私は職場でのこともあれこれ娘に話すようになりました。するとと娘も、学校での出来事を生き生きと話してくれるようになったのです。

いつも愚痴ばかりではよくないけれど、前向きになるためのデトックスと思って弱音を吐くのは、悪いことではありません。

「あの人もこんな辛い思いをしているのか」と知ることで、痛みを分かち合うことができます。

「話してくれてよかった。嬉しい」と感じるとき、一体感が生まれます。

「あの人なら私の痛みもわかってくれるに違いない」と信頼を寄せることもできます。

仕事でも家事でも、全力で取り組んでみたけれどやっぱり無理だ、これ以上はできないと思うことは、誰だってありますよね。苦手なこと、助けてほしいことは、声に出したほうがいいと私は思います。「どうせ誰も助けてくれない」という負の思い込みを外せば、喜んで力を貸してくれる人が現れます。人を信じることのできる人が、人に信頼され、必要なときは手を差し伸べてもらえるのだと、わかった出来事でした。

本気で叱る言葉は優しい

こうして職場のみんなと仲良くなったあと、雑談タイムにプライベートな打ち明け話もするような近しい後輩を、仕事のことで叱るのは難しいものです。

無理難題をふっかけているととられないよう、また感情的になっていると思われないよう、言葉を選んで話をしないとなりません。

言いにくいことをどう伝えるか。コミュニケーションスキルが求められます。

まず言えるのは、「これからちょっと話をしたいのだけど、いいですか？」と相手に問いかけ、了解を得てから始めるとうまくいく、ということです。

こういうスキルを用いず、「気になったことがあるんだけど、あれはまずいよね」と、いきなり話を切り出すと、相手はただ反感を募らせるだけ、という結果になりがちです。

「今ちょっと話をしたいのだけれど、聞いてもらえますか」と確かめて、相手がＯＫしてくれたら、聞く準備が整ったと解釈してよいでしょう。

話を切り出したらすぐ、「あなたに期待しているし、成長が見込めるからこそ、少々シビアな指摘もしたい。今後に繋がる話だから、ぜひ前向きに受け止めてほしい」と大前提を示すとよいですね。相手は話を受け入れる受け皿を広くします。

そして努めて冷静に、優しい声と口調で話をすれば、こちらの言わんとすることが伝わるはずです。

「親しい部下を叱るなんて、損な役回りだな」と思っても、**自分以外の誰かのせいにしようとするのは、絶対にやってはいけないことです。**

「私もほんとはこんなこと言いたくないけれど、部長に頼まれたから」とか、「部長も「こう言ってたけど」などと、言わなくてもいいことを差し挟むと、とても嫌味な感じに聞こえます。

後輩や部下を叱るなら、「自分は真剣にこう思っている。だから言わせてもらう」と腹をくくって叱るに限ります。

注意を促すというレベルでは済まないとき、一度ちゃんと叱っておかないといけないと思うときは、本気で相手に向き合い、本気で叱ったらいいと思います。へらへら笑って冗談を言い、場をなごませようとする必要などないし、ご機嫌をとるような言葉もいらないと思います。

また、取引先の方に苦情を伝えるときは、**自分の会社名やブランド名、肩書などを振りかざさない、というのが鉄則です。**

特に大手企業に勤務している人は、会社の知名度や積み重ねてきた実績を自分のものだと勘違いしてしまう傾向が強いので、気をつけないといけません。

企業規模の大小にかかわらず、自分の名前で仕事をすることが大切です。

「もし私があなたの立場だったら困ってしまうような話をしなければならなくなりました。お互いによりよい成果を出すために、長いおつきあいをさせていただきたいので聞いてほしいのですが、今よろしいでしょうか?」

というように、聞く耳を持ってもらえるよう、ひと手間をかけるのを忘れないようにしましょう。

同僚、部下、取引先の方など、それぞれ立場は違っても、きちんと手続きを踏んで話をすれば、きっと理解してくれるはずです。

時間、お土産の配慮美人に

仕事の成否は、どれだけきちんと事前準備ができるかにかかっています。

たとえば面談のアポをとる際は、場所や日程を決めてお知らせするのはもちろんのこと、おおよその終了時刻をお伝えするといいですね。

「打ち合わせは14時から1時間の予定です。おおよそ15時まで、よろしくおつきあいください。場所は六本木付近で検討しています。次のご予定や移動手段にご都合のよいようにしたいと思いますので、何か気をつけることがありましたらお申しつけください」という要領ですね。

このようにすれば、相手の方がたっぷり2時間は話せると思っていらしたために初めの30分は雑談で終わってしまった、なんていうことがなくなります。

中身の濃い、充実したミーティングにすることができますね。

仕事以外でも、こうした配慮が必要です。
たとえば友人宅にお邪魔しているとき、「ゆっくりしていってね」と言われても鵜呑みにせず、「明日の予定は？　朝早いの？」と聞いてみましょう。早めに失礼する準備をしたほうがよい場合もあります。

相手の負担をできるだけ減らそうという心配りがあれば、お互いに気持ちよくおつきあいを続けることができます。

そしてこれもまた仕事にもプライベートにも言えることですが、出先でお土産を渡すなら、小さめで軽いものにすると喜ばれます。
「ほんの気持ち」くらいがいいと思います。

持ち歩いて邪魔にならないサイズで、包み紙や手提げ袋もあまり派手でないほうがよいでしょう。

もし、そうしたお土産と違うタイプのものを上司や先輩が準備してしまったら、お客様に「お荷物になるようでしたら郵送しましょうか？」と伺ってみるとよいですね。

プレゼントのずるいサプライズ

ディズニー映画『不思議の国のアリス』に〝お誕生日じゃない日おめでとう〟という歌があります。小さい頃は、お誕生日じゃない日をみんなで祝うという内容があまり意味が分からなかったのですが、インパクトがありました。大人になった今は、とても面白いと感じています。そして、このアイデアを仕事に活かそう、と思いました。

仕事でお世話になっている方に、記念日でもなく、お誕生日でもない日に贈り物をすると、意外性があり、とても喜んでもらえるのです。

お渡しするときは、「セレクトショップをちょっと覗いたら、お似合いになりそうな花柄スカーフが目に入ったので買っちゃいました」というように、思いを伝える言葉を添えるとベストです。

その方が大切にしている人――たとえばご家族に贈り物をするのもいいことですね。まだ会ったことはないけれど、会話によく出てくるお子さんには、ちょっとしたおもちゃや絵本を、愛犬家の方ならばワンちゃんグッズなどが喜ばれます。

私も娘がまだ幼い頃に、取引先の方から「お嬢さんに渡してね」とお心遣いをいただいたことがあります。

家に帰って中身を見ると、私たち親子が大好きなお菓子でした。おいしいね、嬉しいねと言いながら、娘にその方のことを話して聞かせました。贈り物をしてくださった方と娘は会ったことのない同士ですが、**いただいたお菓子が仲介役となり、何か温かいものが繋がっていくような感じがしました。**

いただいたら時間差攻撃

私自身がプレゼントをいただいたときは、できれば贈り主の目の前で開けて、嬉しい気持ちを伝えるようにしています。

宅配便や郵送で届いたものは開封して写真を撮り、こういう形で届きましたと、写真をお礼状に添えてお送りします。実は、こういう報告も大事なのです。相手の方はどんな状態で届いたかを目で確かめることができるので、安心してくださいます。

贈り物を頂戴したら、すぐにお礼の手紙を出します。

数日経って口にするものや、すぐに使わないものならば、実際に使ってから再び、喜びを伝えます。

「いただいたバスオイル、疲れた体を癒してくれました。お肌つるつるです」
「もらったハーブティー、徹夜するときに元気をくれました。おいしかった！」
というように。

少し時差のあるお便りは、相手との距離を縮めます。心と心が近づき、よい関係を育んでいけるのです。この時間差攻撃（！）は、本当にすごく効果があるので、ぜひとも試してみてください。

気持ちを込めて、一筆添えよう

お便りが難しいと感じる方は、一筆だけでも添えてみましょう。

私は、独立してからは特によく手書きのお礼状を出しています。

季節の草花がさりげなくあしらわれた葉書を使いますが、日ごろ不出来な私を温かく見守ってくれる方や、新たにご縁をいただいた方々に感謝の気持ちを込めて、お礼の言葉を一筆書き添えているのです。

すると、「字がとてもきれいだね」と褒められることがたびたびありました。

特にお習字をお稽古したわけでもないのに、どうして褒めてもらえたのでしょう。

おそらく、気持ちが伝わったからだと思います。

文章は形式にこだわらず、実際に話した内容から一つのフレーズを使って、同じ時間を過ごせたことに感謝すれば、お礼の気持ちは伝わります。

短い言葉でも、丁寧に、気持ちを込めて書いていけば、相手の方はきっとわかってくれます。

葉書は、鳩居堂さんの鳩があしらわれたシンプルなものを重宝しています。添える切手は、可愛いらしい丸形や、季節限定で目に楽しいものから選びますが、できれば相手のイメージに合う色、または自分のイメージをサポートするような色柄を選ぶと言葉が届きやすくなる気がします。

葉書や切手は、あらかじめストックしておくと気持ちの余裕ができますよ。

お世話になった方や取引先の方に贈り物をするときは、一筆箋に一言添えて送るようにすると、とてもよい印象を持ってもらえます。それもずるい美人の心得です。

この効果は、日常的にも活かすことができます。

職場で誰かに書類を渡すとき、後輩に対してならば「いつもサポートありがとう」と書いた付箋をつけて渡す。
相手が先輩や上司ならば、「ご確認をお願いします。いつもありがとうございます」というように書くといいですね。

お習字の先生が書くような達筆でなくていいのです。ペン書きで構いません。
大切なのは技術より気持ちですが、文字は伸び伸びと大きめが、自信ある印象に繋がります。ひとつコツがあるとすれば、中心線を意識することでしょうか。

お行儀よく並びつつ、温かみもある文字は、あなたの品格と心配りを伝えます。

情報とご縁で得するネットワーク作り

「この本、すごくいいいいよ」と人に薦められると、私はすぐ買いに行きます。

「あのクリニックは先生が勉強熱心だからお薦めよ」と言われたら、すぐ予約します。

断っておきますがミーハーではありません。

たくさんの情報が飛び交う今、本当に自分に合うものや気に入るものを探すのは大変です。ですから、生きた情報をくれる周りの人の意見が素直にありがたいのです。

人により、合う合わないが当然あるので、プラスの感想もマイナスの感想も、全部含めて参考にさせてもらっています。

「おすすめの本、買って読みました！　今の自分にぴったりでした」というように、薦めてくれた人によい報告ができると、相手の方はとても喜んでくれます。
私も人におすすめしたものが役立ったと聞くとすごく嬉しいので、できるだけよい報告をするようにしています。

もし自分には合わなかった場合は、「お声かけいただいた化粧品、使ってみたら乾燥肌の私にはちょっと軽かったみたいです。でも香りは好きなのでボディ用に使っています」と、ありのままをお知らせすることもあります。

その場合も、感謝の気持ちをちゃんと伝えることを忘れません。
自分が紹介するときも、相手にとっては「合う」「合わない」がある前提をお伝えするようにしています。決して押しつけないことが大切です。

これがずるい美人のネットワーク作り。
感謝と喜びの輪を広げると、いい情報も、いいご縁もたくさん集まってくるのです。

第5章

360度ぜんぶずるい美人

鏡や、オンライン会議で映る自分は前面だけ。ほんの一部分です。
でもリアルの場では、
自分以外の人が真正面に回り込んでくるタイミングは
意外と少ないもの。どちらかといえば、
斜め後ろや後ろ姿から
あなたの雰囲気を感じていることの方が多いのです。

「360 度どこから見ても美人」を意識すれば、
大きなチャンスだって舞い込んできますよ。

誇りと気品が漂う背中を作ってみる

椅子に腰掛けたとき、背もたれに頼らないで1時間過ごすことができますか?
それができるかできないかは、**「選ばれる」ための分かれ道**かもしれません。

前にも述べましたが、私の場合だと、ある交流会に参加し、2時間ほどセミナー講演を聴いている間、背もたれに背が触れることは一度もありませんでした。それをご覧になっていた方から、その場で講師のお仕事のオファーを頂戴しました。

後ろ姿を見て「何かやっている人に違いない」と思われたそうです。

これには驚きました。私はセミナーのお話を聴くことに夢中でしたが、それでも無意識のうちに背中で「いま講師の方のお話を熱心に伺っています」と意思表示していたのかもしれません。

私自身、人前で話す機会が多いので、どなたかのお話を聴くことがとても勉強になります。お話の内容やテーマはもちろんのこと、話し方や構成の仕方にも興味があり、学びの意欲が強いのです。

ですから、自然と背筋はピンと伸び、背もたれに寄り掛かることもありません。机に寄り掛かることもなく、机とお腹の間は拳ひとつ分空いています。

（みなさんも一度、その姿勢で、じっとしてみてください。誇りと気品が漂う背中を作るための、よいレッスンになりますよ）

私はこの経験で確信しました。

後ろ姿にまでプライドを持つと人生がグッと変わるのだ、と。

通常は、服装や身だしなみ、表情、声のトーンや話し方、そして姿勢。これらが第一印象を大きく左右し、また会いたいと思ってもらえるかを決定づける重要な要素です。それに加えて「後ろ姿」が、「ずるい美人」を作る重要ファクターなのです。

あなたの背中はシャキッとしていますか。自分では残念なことに、鏡に映してしか、確かめることはできません。だからといって、放っておいてはいけません。人にはあなたの正面、側面、後ろ姿もよく見えています。いつ、どこから見られてもいいように、肩の力を抜き、背筋を伸ばしておきましょう。

目の届かないところにまで心を配ることが「ずるい美人」の条件です。それはとても女性らしい行為でもあると、私は思うのです。後ろ姿をチェックするときは、肩にフケやほこりがついていないか、背中に服のしわや抜けた髪の毛がついていないかも確認。合わせ鏡で横顔も見ておきましょう。髪型の後ろ姿もチェックして、立体的に整えます。

後ろ姿のダメ出しは他人からはなかなかしづらいもの。だから後ろ姿には自分で責任を持つのです。

そうして、「また会いたい」「一緒に仕事をしたい」と言ってもらえる、魅力的な後ろ姿を演出していきましょう。

エレガントな座り方

ここで、座り姿をきれいに見せる大切なポイントもお教えしましょう。

✳椅子に腰をおろすときは、腹筋と背筋を使って、静かに行います。

✳足は、膝より後ろに引っ込めてしまうと幼稚な感じになってしまうので、要注意。

✳膝より少し前に足を出すと、大人の女性らしいエレガントな座り方に。

✳できれば、自分の内ももの中心の延長線上に足先がくるときれいです。

✳足先を横に流す場合は、椅子の幅より外へはみ出ないように。

そのほうがより上品に見せられます。

もし脚を組むなら、組んだ上の脚がぶらぶら動くような高い位置ではなく、できるだけ下の脚につけて、2本の脚が1つに見えるように揃えましょう。

さらに美しい座りポーズになりますね。

胸をかばえば美人度上昇

想像してみてください。女性は腕組みをしたり、腰に手をあてるより、手をそっと胸のあたりに置いて物思いにふけっているほうが魅力的、と感じませんか？

その魅力的で女らしいポーズの作り方をお教えしましょう。
右手で反対側（左）の二の腕、肩に近い位置をそっと掴んでみてください。
自分の胸をかばっているようなしぐさになりますね。
これが魅力的な美人ポーズです。

胸は女性の急所のひとつ。その大切な部分をそっと守る。
そんなしぐさをすると美人度がぐんと上がって見えるのです。

着物の襟もとを気にするしぐさ、お姫様が袖を口元にそっと当てるのも、大事な部分を隠そうとするしぐさ。肘を張らず、脇をきゅっとしめることがポイントです。

また、嬉しいとき、そっと胸に手を当てて微笑む姿や、お願い事をするとき、祈りを捧げるときに両手を胸の前で組みますね。

これは懐刀（懐剣）といって女性が帯に差している護身用の短刀、いざというときに自分の身を守る大事なものを守る動作に通じると言われています。

その所作は究極に美しい、と私は思います。

今の時代では、ペンダントトップを直すしぐさなど、胸元を大切そうに触れるしぐさが、女性らしさを伝えます。

また、ぜひ意識してほしいのはクロスの動作。

右耳のピアスに触れるときは左手で。左の髪を耳にかけるときは右手で。

自分の右側にグラスがあるとしたら、それを右手で持つのではなく、左手でそっと持つ。すると自然に、胸元を左腕がかばうしぐさとなり、柔らかい印象を作ります。

これがいわゆる「クロスの動作」です。

嬉しい、緊張している、心が痛いなど、感情表現をするときにさりげなく胸元をかばってクロスの動作をするのは、かなり魅力的。

「気になる美人」として、デートのお誘いがあるかもしれません。

写真で損する人、得する人

集合写真では、いいポジション取りを

さっき一緒に撮った写真がFacebook、インスタでもうアップされている。断りもなくタグ付けされて。見れば、半開きの目で何やら半笑いの人がいる。これって私!?　その隣でにこやかな笑顔で素敵に写っているのは写真の持ち主。やられたなーと後悔しても後の祭りです。すでに１００「いいね！」がついて、私の変な顔は公衆の目にさらされていました。

自分の携帯で撮った場合はゆっくり確認できるけれど、他人のカメラに収まっている場合は、もうどうしようもありません。

ＳＮＳがこれだけ流行り、拡散されやすい時代。言うまでもありませんが、写真写りに気をつけましょう。

特に大人数で集合写真を撮るときは気をつけて！　と声を大にしてお伝えしたい！

これはもう勝負のようなものです。やるかやられるか（!?）の土俵際に追い込まれないために、どんなふうに写真に収まるか先手必勝！　意識したほうが得策です。

集合写真を撮る場合は、できるだけ中心に駆け寄って場所を確保しましょう。

もしくは自分が中心を確保しておいて、誰かが両脇を固めた瞬間に「写真撮って！」と人に頼んでみる。これは自然と自分が中心になって他の人が周りに集まってくる、という流れになるので、おすすめです。

みなさんもご存知だと思いますが、どれだけカメラの性能がよくなったといっても、端っこは「ぼやける」し、「ゆがむ」し、顔が大きく見えてしまいます。

ビジネスでも、恋愛でも、人目に触れる写真はできるだけ美人に写るようにして損はありません。素敵な写真が撮れれば、多くの人の目に触れ、素敵な印象を残します。写真のあなたを見て「きれいだ」と言ってくれる人がいるかもしれないのです。

そう思うと、ちょっと嬉しくなりませんか？ 見た人が「この人に会ってみたい、紹介してほしい」と言ってくれるチャンスだって、ないとは言えないのです。

自分が、複数の人が写る写真をSNSにアップするときは、全員が目を開けているか、変顔の人がいないかチェックして、できるだけよい写真を選びましょう。

そうすれば、みんなに「ありがとう」と感謝されること間違いなし。

そういうちょっとした心配りを大切にするのも、ずるい美人です。

きれいに写るポージング

気を抜いたときに猫背で写ってしまった写真にがっかりした経験、ありませんか。

だったら、ぜひ覚えておいてほしいことがあります。

普段からきれいな姿勢を保っていると、ふいに写真を撮られても平気です。

私がビジネスマナー研修でもお伝えしている、正しい立ち方はこちらです。

まず足元から立ち姿勢を整えるとバランスがとりやすいので、こうレッスンしてみてください。

✳まずは、かかとをつけ、つま先を前後に少しずらすときれいな立ち姿に。
✳かかと⇓ひざくっつける⇓おへそ下2〜3センチの位置（丹田）を意識。
✳おへそを縦長にするような気持ちで、お尻はきゅっと締める。
✳背中に天使の羽がついているイメージで、羽を閉じる（肩甲骨を中心に寄せる）。
✳ふっと息を吐いて肩を軽くおろす。

女性がリラックスしている姿はとてもきれいです。
緊張すると肩の位置が上がるので、そっとおろして美人度を上げましょう。

その後、少しだけ重心を変えると、より美人に写ります。
かかとに重心を置くよりも、つま先に置くと、よりきれいに見えるのです。

小顔に見せようとして背中をそらし、後ろ重心にしたくなりますが、お腹が前に出やすくなり、おばさんぽくなってしまうので気をつけましょう。

着物を着たときは、洋服のときよりも「つま先重心」にして立つようにしましょう。草履の鼻緒に意識を向けて立つと、体のラインをきれいに見せてくれますよ。

次に、顔と手の位置もレッスンしましょう。

✳あごは引きすぎず、出しすぎず。引きすぎると首のシワが目立つので注意。
✳視線は真っすぐ前に向ける。
✳黒目の位置を真ん中に置くように意識。（上品に写ります）
✳思い切り口角を上げて笑ってみる。頬の位置がぐんと上がるくらいに！
（これは、人より少しだけ華やかに見せられるコツ。また、楽しそうな自分が写真の中にいて、気分がよくなるはずです）

手は、何かを持ってポーズすると、気持ちが落ち着いて、きれいに写ります。

椅子に手をかけるのも、緊張もほぐれてよいですね。
隣の人の二の腕にそっと手を添えるのもいいと思います。

自分の「角度」を知っておく

最後に、自分はどの角度が一番きれいに見えるか、ぜひ知っておきましょう。右から見るのと左から見るのとでは、どちらがよりチャーミングに見えるか、まずはそこから探ってみましょう。

本来の性格や感情は左側の表情に出る（プライベート顔）と言われ、右側は思考が出やすい（仕事、公の顔）と言われています。

ビジネスで使う写真なのか、プライベート用なのか、用途によって自分の顔をどう見せたいかを考え、自撮りして確認してもいいと思います。

ファッションは、ひと手間かけて工夫して

私はアパレル業界に転職し、「働く女性」をコンセプトにデザインされたイタリアのハイブランドを扱っている時期がありました。

そのブランドの服は癖がなくてとても素敵なのですが、どこか物足りないと感じるのか、「地味じゃない？」と率直に聞いてくるお客様もいました。

でも、地味だということは、飾る余地がたくさんあるということ。

選んだ服をちょっと手直ししたり、ひと手間かけて工夫をすると、よりきれいに見えるんです。

たとえば、ごくシンプルなスーツに、ポイントとなるベルトをあしらったり、インナーはちょっと大胆なタンクトップにしてみるなど、その人の雰囲気によってゴージャスな雰囲気のアイテムをプラスするのもよいですね。

服の着方によっても、違いが生まれます。

スカートのウエスト位置をほんの少しずらすだけで、よりきれいに見えるのです。

また、M（9号）サイズと思っている人でも、洋服のデザインによってL（11号）がしっくりくることもあります。

自分の体に服が添っているか、サイズの選択肢を増やして比較してみましょう。

「こなれ感」を出すには、少しだけ体を泳がせる余裕のあるサイズがおすすめです。

「ただの地味」になってしまうのは、そういった工夫を忘れてしまったとき。

おしゃれなお客様ほど、自分仕様にアレンジすることが得意です。試着室から出てくるなりジャケットの袖を軽くまくったり、自分に合う着方を工夫していらっしゃいました。

ボディシェイプと絶妙なバランスがとれるサイズも知っていらして、ウエストのお直しやスカート丈をどこまでにするかなど、的確にポイントをおさえていました。

そこからプロとして私がアドバイスをさせていただき、楽しい会話が続きました。

試着ってすごく楽しい時間です。新しい自分に出会えるし、似合わない服を知ることもできます。**昔は似合わなかったスタイルが今はしっくりくる、なんて発見もあります。**

でも、変化を恐れるお客様は、「これ、お似合いだと思いますよ」と試着を勧めても、冒険をしようとしません。あるお客様の場合は、とてもきれいな顔立ちで、いろいろな服が似合うと思ったのに、いつもと同じスタイルしか試そうとしてくださらないので、とても残念でした。実は面倒くさがり屋さんだったのかもしれません。

よりきれいな自分を見つけるために、ほんの少しの手間と時間をプラスする。それが「きれい」の始まりです。

TPOに合わせたずるいテク

装いは、Time（時間）、Place（場所）、Occasion（場合）、つまりTPOに合わせた服装をすることでイメージアップが可能です。

お祝いのパーティーに出席するときは、あえて思い切り華やかにすることで招待側が喜んでくださることって、ありますよね。

普段の仕事でも同じです。相手の服装に合わせる配慮、相手が好きそうな服選び（コンサバ、カジュアル、マニッシュなど）、訪れる場所の雰囲気も頭に思い浮かべて、その場に馴染むスタイルを考えてみましょう。

取引先のホームページをチェックし、会社のコーポレートカラーをさりげなく着る服に忍ばせるというのもいいと思います。

ずるい美人は、そんなところにも頭を働かせるものなのです（笑）。

2度目にお会いする方なら、**その方のお人柄や好みの色に合わせた服装で行く**と、「それどこの服ですか？」と関心を持ってもらいやすく、会話が弾むきっかけにも。

たまに裏切る、というのもいいですね。

いつもエレガントなスタイルなのに、今日はきりっとしたパンツスタイル。

意外な一面も見せてレパートリーの広さを知ってもらうと、「仕事以外の話や相談事もできそう」と、よいイメージを持ってもらえるのです。

くびれはウエストだけじゃない

スタイルをよく見せるために、服で覆われている部分を減らしてみませんか。

これもまた、ずるい美人がよくやるテクニックの一種です。

首、手首、足首、この3つの首をどこまで見せるかがポイントです。

ブラウスを着るときは、胸元のボタンを開けて首筋をどこまで出すか考えると、きれいに着こなせます。

首が短い人は、首から胸元にかけて縦長の開きを大きくしてすっきり見せる。

顔が面長で首が長い人は、襟を左右に広げて横のラインを作ると効果的。

手首の一番細い部分を見せるために、袖をたくし上げて着崩してみるといいですね。

ただ無造作に腕まくりしても逆効果です。腕の太い部分が露わにならないよう、腕のくびれ（一番ほっそりしているところ）を見せるように袖を折ってください。

脚の形も人それぞれなので、鏡を見て研究しましょう。

特に、足首からふくらはぎのラインをよく見てください。

この脚に一番似合うスカート丈はどれくらい？　その時々のトレンドはありますが、脚が細く見える長さを知っておくと、スカート選びが上手になりますね。

いつもマキシ丈をはいている人も、思い切って足首のくびれを見せると、全体的にすっきりしたシルエットになるかもしれません。

くびれはウエストだけではありません。

首、手首、足首、この3種のくびれ、うまく出していきましょう。

透け感、薄手はメリットいっぱい

寒い日はつい重ね着をして、着ぶくれしていませんか？

ずるい美人でありたい私は、冬でも薄着です。やせ我慢をしていないと言えばウソになりますが、冷え性なくせに、もこもこに服を着ることを好みません。体のラインが消えてしまわないように、少しだけ透ける薄いものを好んで着ています。

肌を露出するのではなく、隠れているけれど程よく肩や脚のラインが見る人に伝わるものを選んでいます。

たとえば、セーターなら地厚なものよりも、網目が詰まったハイゲージで薄手なものを。ブラウスなら、しっかりした綿素材が清潔感あって好ましいのですが、綿は厚みがあるため、オーガンジーやレースといった透ける素材のブラウスを選んで着ます。

程よく体に馴染んだものを着ていると、自然と姿勢もよくなりますよ。

逆にボディラインを覆い隠すようなデザインや、素材が主張しすぎるものだと、それに頼ってしまいがち。極寒の地なら話は別ですが、動きも何となく制限される感じ……そんな気持ちになったことはありませんか？

冬場のタイツは、温かさを重視するとどんどん分厚いものになっていきますよね。参考までに、ビジネスシーンにおいて分厚いタイツだとカジュアルに見えてしまうので、50デニール以上は避けたほうがいいと思います。

それに、厚みがあると脚が黒い棒状に見えてしまいます。

私は**毎日の所作、しぐさをしなやかにするために、**タイツも透け感のある30デニールまでに留めています。素肌の感じがわかる厚みです。

透け感があると、ふくらはぎから足首にかけての曲線がきれいに見えるんです。

個人差があると思うので、自分の脚にはどれくらいの厚みまでOKか、調べてみるといいですね。

さあ、みなさんも、思い切って引き算していきましょう。

分厚いセーター、分厚いタイツを脱ぐと、美人に見え、かつアクティブになれるという嬉しいおまけがついてきますよ。

ただしTPOに合った服装や小物使いを考えることも大切です。

海風が吹く真冬の東京ディズニーシーで、生足でミニスカートの若い女性を見かけることがありますが、見ているこちらが冷えてきます。

見る人を寒くさせるコーディネートや目的意識のない服装は浮いてしまいます。

その日の寒さ、暑さ、涼しさに応じて、季節感のあるコーディネートをしましょう。

自分が着たいスタイルと、見た人がどう感じるか。

その両方をバランスよく考慮すると、正しい引き算の答えが出ます。

キャラクターものも引き算しよう

同じく、ぜひ引き算していただきたいのが、キャラクターものです。

普段何気なく使っているペンやハンカチが、あなたの印象を決めています。

私の憧れだった先輩女性は、服装もバッグも上品で落ち着いた雰囲気のものを選んでいらして、洗練されたイメージでした。でも、その彼女のペンケースには、大きなピカチュウが付いていました。そして手帳はキティちゃん。

気持ちがちょっぴり冷めました。かわいらしさを通り越して幼稚な感じに見えたからです。

ずるい美人を目指すなら、キャラクターものは、とりあえず避けることをおすすめします。私は、大のディズニー好きですが、ミッキーマウスが描かれた小物を持っても似合いませんし、私のイメージが変わってしまうので、泣く泣く諦めています。

おしゃれ上級者があえてキャラクターものを取り込む場合もありますが、「これはコミュニケーションツールなのだ」と考えて身に着けているのだと思います。

自分が周りから求められているイメージ、そして自分がなりたいイメージを邪魔しないワンポイントとして、ボールペンにさりげなく付けた面積小さめキャラクターならば、その戦略は意外性を感じさせ、親近感も生まれます。

そんなペンを、ペンケースに1本だけ忍ばせるのは、親しみやすさが増す知的な計算が働いていて、かなりずるい。そういうのって素敵だと思います。

服は友達と一緒に買いに行かない

気の合う女友達とおいしいランチを食べたあと、ぶらぶらとウィンドウショッピングをして歩くのは楽しいですね。その流れでふらりと入ったアパレルのお店で、「これ、あなたに似合いそう」と友達に言われ、「そうかな、あまり着たことない感じだけど」と言いつつ試着してみたら、「わー、似合う！　すごく似合う！」と手を叩いて喜んでくれた。店員さんも笑顔で「すごくお似合いですよね」と。

そんなふうにして自分のものになった洋服が、今もワードローブに残っていますか？

残っている確率は極めて低いと思います。

支払いをするのも着るのもあなたなのに、あなたの意見を無視して購入してしまったからです。なぜ、そうなってしまったのでしょう。

お友達の立場から、そのときの気持ちを考えてみます。

——ランチの後お腹いっぱいのご機嫌な状態で、散歩がてら友達と歩いていたら、ちょっとかわいい服が目についた。いい気分だったので、「これ、あなたに似合いそう」と口に出てしまった。軽い気持ちで言ったことだし、友達に対する社交辞令のようなものだった。まさか本当に買うとは思わなかった。

そんなことよりも、自分に似合いそうな服を真剣に探し始めていた。

そうなんですよね。試着室から出てきた友達を速攻褒めるのは、ごく普通のこと。背中のお肉が目立っていても「いいんじゃない？」と言ってしまいます。友達を傷つけたくないから。

でもそこで、ずるい美人はずるい一言を友達にお返しします。「自分だったらこれ買う？」って。友達ははっと我に返り、もう一度あなたの姿を見直してくれるはずです。

次に、店員さんの立場から、その心理を推測してみましょう。

——アパレルショップ販売員の仕事は、お客様に服を売ること。ご本人よりもはもちろん同行のお友達、または、お連れの方がお母様ならお母様のハートを掴むことが大事と、接遇の研修で学んだ。販売トレーニングも受けている。それのどこが悪いの？

わかります、わかります。人それぞれ、事情を抱えているんですよね。

でももちろん、お客様ご本人の気持ちをしっかり引き出してくれる店員さんも、大勢います。

ともあれ、**「人に気を使う状況で服を買わない」というのが、ショッピングにおける正しい引き算です。**買うときは自分主導で買う。

ずるい美人の多くは、そうしています。

「どうせ似合わない」の思い込みを捨てる

顔と洋服が違和感なく融合して自分のブランドが確立(パーソナルブランディング)されると、なりたい自分に近づけます。

似合うか似合わないかを自分の固定概念で決めてしまわず、「服が自分に合わせてくれる」と発想を変えてみましょう。

「絶対に似合わない」と思う服を試着してみるのも、ひとつの方法。

本当に似合わなかったら、それもラッキー。

自分に合わないものを知っていることが、ずるい美人の強みです。

服だけ浮いて見えるとか、顔だけ浮いた感じになっているということ、私も多々経験してきました。

かつて専業主婦だった頃は「かわいい奥さん」というイメージに憧れて、普段着はジャンパースカートや花柄のワンピース、レースのカーディガンだった私。

時にはオーガニック系にもはまり、ガーゼの風合いが素敵なアースカラーのふんわりブラウスなども着ていました。

でも、どうもしっくりこないのです。似合うと思って買ったけれど、私ははっきりした顔立ちでどちらかというと男顔なので、服よりも顔が勝ってしまうのです。

「こう見られたい」と思うイメージに近づくためには、似合わないものを知る勇気がいります。そうすれば無駄な買い物が確実に減ります。

その反対に、食わず嫌いの食べ物を食べてみたら意外とおいしかった、ということもあるから、やっぱり服は着てみないとわかりません。

「絶対に似合わない」と思っていても、試着してみたら「あら、意外と似合う」と笑顔になることもあるんです。そうなれたら、すごくラッキー。

「次からはこれ！」とイメージが固まりますね。

そんなワクワク発見ができるのが服選びの醍醐味です。

「試着するのは面倒」「億劫」という気持ちを吹き飛ばす、ずるい工夫をしましょう。服を買いに行くと決めた日は、さっと脱げるワンピース、脱ぎやすい靴など、試着室に入って5秒で裸になれるスタイルで出かけるのです。

特におすすめしたいのが、ワンピースを着ていくこと。気に入ったスカートを試着するついでに、よさそうなトップスを借りて試着してみよう、となりやすいからです。

買うつもりはなくても、流行の素材や形を試せるので、コーディネートのヒントが見つかりますよ。

アクセサリーは引き立て役に

アクセサリー選びをするひとときは、仕事からも家事からも離れた不思議な時間という感じがします。

ネックレスを選びながら怒っている人に出会ったことがありません。それを身に着けた素敵な自分を想像し、素敵な誰かと出会う妄想をすることもできます。

また、高価なものでなくても、大好きなアクセサリーをひとつ持っておくと、自信に繋がるという方は、多いですよね。

絶対に勝ち取りたい仕事のプレゼンの前や、ここぞというときに着けたい勝負アクセサリーもありますね。それは心を落ち着かせるアイテム、お守り代わりでありながら、自分をきれいに飾ることができるので、一石二鳥です。

不安なときに、そっと指輪に触れると心が落ち着きます。耳元で揺れるピアスを感じながら好きな人に会いに行くのも素敵。緊張した自分を堂々とさせるために、ペンダントの位置を胸元の真ん中に着け直すのもいいですね。

自分を輝かせてくれるサポート役として、アクセサリーを使っていきましょう。

お友達で歯科医師の女性は、その華奢な指に繊細なデザインの小粒ダイヤモンドのリングをしています。腕のいいドクターでお金持ちなのですから、もっと大きなゴロゴロした石を着けてもおかしくないのに、とても控えめ。でもそのリングから、堅実で聡明な人間性が伝わってきます。

仕事を通じて出会ったある女性は、思った通りの「大人かわいい」方でした。一緒にお茶をいただいているとき、彼女の耳元に小さな葡萄を模したイヤリングが下がっていることに気づきました。ほとんどメイクをしていない白い肌にキュートな笑顔、そして、話をするたびにほんの少しイヤリングが揺れる。

小さな葡萄が彼女の個性を光らせていました。

着けている人を主役として引き立てるアクセサリー。

どこで買ったのかな、と気になる存在になりました。


アクセサリーは、大きすぎず、出っ張りすぎず。

それ自体が主張しすぎないものがいいと思います。

普段から着け慣れていない人が何か着けなくちゃと意気込むと、大きいものを選びがちですから気をつけましょう。


たとえば、大きな勾玉のネックレス。自分の何を語ってくれますか？

真っ赤なバラのイヤリングは、今着ている服と何か関連はありますか？

そこだけ目立ってしまうものは外し、自分を語ってくれるものを選びましょう。

「スキンジュエリー」を1つだけ

「スキンジュエリー」と言われる繊細なアクセサリーを着けると美人度が上がります。肌と一体化して見えるような、華奢で肌なじみのいい宝飾アクセサリーのことです。たとえば、ゆるやかな曲線を描くピンクゴールドのピアス、繊細なイエローゴールドのチェーン、一粒ダイヤのネックレスなど。主張しないけれど存在感はしっかりある。小さいけど本物。だから自分に自信が持てるのです。

ただ、こちらもゴテゴテ着けるのはNGです。

アクセサリーではなく自分を主役にするために、出かける前に1つ外すようにしてみましょう。

第6章

心と体のセルフサロン

年齢を重ねると、若い頃のような
肌のハリ・ツヤは衰えてしまうけれど、
ずるい美人は「今のほうがきれい」
と思えるメンテナンス上手。

若さを売りにする美人と張り合ったり
SNSで人と自分を比べることよりも、
自分磨きに時間とエネルギーを使います。

顔のシワはツヤで飛ばす！

鏡を見てぎょっとしたこと、ありませんか。顔のシワ、できれば見たくないものですね。けれど誰しも、シワから逃れられない年齢になります。

私もそうです。ただ、更年期にすごく太ったため、なんとシワが消えてしまったことがあります。太ると肌にハリが出るのかしら、と喜んでいたのですが、その喜びも束の間、お気に入りの服が入らなくなってしまって大ショック。

それで一大決心をし、半年かけて痩せたのはよかったのですが、そうなると今度は顔のシワがすごく目立つという嫌なおまけが付いてきました。

シワには、縦シワと横シワの2種類があります。

眉間に深い縦シワが刻まれてしまうのは、よくあることですね。

できるだけ浅くしたい、と女性なら誰もが望むでしょう。
横にできるシワは「幸せのシワ」とも言われ、笑顔や喜びの表情にできやすいシワなので、あまり気になりません。……というのは嘘です。幸せなシワと言われても、やはり気にしてしまうのが女心。できれば隠したい。消したい。

シワ消しの効果がある化学物質を注入するのもひとつの方法ですが、それよりも、自分の年齢と向き合う準備も必要だと感じています。

「いつまでも現役！」という心意気は素敵だけれど、ただそれだけでなく、若い人から見て自然に思える美しさを保ちたいと思うのです。

それには、ツヤを意識してメイクをするといいのです。

ハイライトやコンシーラーなんか、若い頃は全く必要ないと思っていましたが、ある程度の年齢になったら、これはもう必需品です。

ハイライトやコンシーラーは、目の下、鼻の横、口元など、影ができやすい箇所に塗り、そこを明るくすることで、反射効果により、顔全体を輝かせます。

シワが見えにくくなる効果もあります。**ツヤツヤ輝いている部分に視線がいくという、「目くらまし」効果です。**

ハイライトやコンシーラーを塗るときは、顔の気になる部分に薄く伸ばしていきますが、目の下の、やや目尻寄りを強めに塗るとかわいらしい印象になります。

その上からファンデーションを塗ります。

注意すべきは、シミやしわを隠そうとするあまり、厚塗りにしないこと。

肌本来のツヤを活かすため、気になる部分にだけ薄く何度も重ねて塗り、透明感をキープしましょう。

ふくよかな人のシワがあまり目立たないというのは、私も体験を通して実感したことで、ちょっぴり太っていたときは気持ちが大らかだったような気がします。

よく食べるし、よく休む。だからいつも幸せそうな顔で、少しくらいシワがあっても気にならない、というのもあったと思います。

すごく疲れているときには、休んで空を見上げましょう。ぼーっと空の雲を眺めることが、心とお肌に効くのです。

空を見れば口角が自然と上がり、だんだん笑顔になっていきますよ。

心から笑うとシワは飛んでいく！　そうなることを願って、笑いましょう。

好きな人を思いながら微笑む

女性が、好きな人を待っているときの「人待ち顔」はとてもきれいです。ちょっと不安げで、でもそこに期待感と高揚感があり、いろいろなニュアンスが入り混じっていて。

そのことに気づいた私は、**緊張してしまうときやイライラしているときこそ好きな人のことを思い浮かべて表情をやわらげ、素敵な笑顔を作る**ことにしました。

職場に苦手な上司がいたとしても、そんなことで顔を曇らせるのはもったいないと思いませんか。しかめっ面の人には、誰も寄ってきませんよね。

いつも柔らかく優しい表情でいれば、周りから話しかけられやすく、情報がどんどん入ってきます。

いい話がたくさん届いている人は、素敵な微笑みがそうさせているのです。

「食べても太らないんです」のおまじない

私の場合、若い頃と体重は変わらないのですが、体型は変わりました。筋肉も脂肪も重力には抗えないので、気になる箇所が年々増えています。

そういう箇所は触って、つねって、手で絞って、「ここ太ってきてますよー」と、お肉に言い聞かせています。そして毎日体重計に乗って、現実を受け入れています。

体重を気にしているというわけではなく、日々の自分の変動を見るのが楽しいのです。たくさん食べれば重くなる。調整すれば努力は報われて軽くなる。結果を数字で確かめられるなんて、面白いと思いませんか。

あるとき友人に「あなたって、今まで一度も太ったことがなさそう。何か気をつけていることある？」と聞かれました。

あまり気にしたことがなかったので、「私、何を食べても太らないんです」とぼそっと答えました。答えたとたん、「それだ！」と大声で叫んでしまいました！

友人はさぞびっくりしたでしょうが、「自己暗示の力ってすごいよね」と私が言うと、「うん、そうだね。すごいよね」と賛成してくれました。

水を飲んでも太ると言う人がいますが、それはもしかしたら、自分にマイナスの暗示をかけているせいかもしれません。

「おいしいものは太らない」「何を食べても太らない」と、おまじないのように唱えていれば、その言葉に脳はすっかりだまされて、太らないように体の機能を調整してくれるような気がするのです。

これは本気で唱えることが大切ですね。疑う気持ちや、食べることへの罪悪感があると、お肉になってしまうという気がします。

私はいついかなるときも食欲旺盛で、大食いなので人に驚かれます。食いしん坊ですから、旅行の目的はだいたい食べ歩き。旅先では1日5食くらい食べています。

それでも旅行中は移動もあり、かなり歩いて運動になっているので、「これなら大丈夫。太らない」と言い続けています。

しかしさすがに更年期を迎えてからは、人生最大の体重増加を果たしました。好きなブランドの洋服を試着した際に少しきつかったので、「もうワンサイズ上をお願いします」と店員さんに声をかけたところ、「当ブランドではこのサイズまでなのです」と冷たく言い放たれ、大ショック。

これ以上太ったらまずい、と体重管理を強化しましたが、年のせいか痩せにくくなってきたので、週1回の運動に加えて血液コンサル（健康診断をより細分化した血液診断、自由診療）で食事指導を受けています。

朝昼晩と、会食の日のマイルール

午前中はかなりお水を飲みます。肌の保水のため、血液循環を促すためです。胃が弱いので、お水に少しレモンを搾って飲み、胃酸を増やしてから食事を摂るように気をつけています。

朝と昼はとにかくがっつり食べます。食べた後に動く予定のない日は量を減らします。甘いものは全く食べないというわけではなく、食事はデザートまでを1セットとして、甘いものをいただく代わりに、主食の炭水化物を少し減らすなどで調整。

お酒は弱いので、飲みません。カロリー摂取量が控えめになるので助かっています。ですが甘いものはやめられないので、こんな誓いを立てました。**「お腹がグーっと鳴るまで、食べない」**と。

人と会食するときはしっかり食べます。

一緒においしく食べることを目的に集まるのですから、欲望の赴くまま、気の向くままにおいしくいただき、素敵な思い出を共有したいと思っています。

つい手が出る場所には健康食を用意

お腹が空いているわけでもないのに、ふと口寂しくなって、何か口に入れてしまうのは、一番いけない習慣です。

それを続けているかぎり、「太らない」おまじないも効きにくいでしょう。


ストレス解消のためについ食べ物に手が出てしまう人もいますね。

デスク周りにチョコレートを置いていたりして。

実は私もそうなのですが、チョコはチョコでも糖分やカロリーを気にせず健康的に食べられるハイカカオチョコレートにしています。


ハイカカオチョコレートを購入する際は、原材料に「カカオマス」と記載されているか、それ以外の添加物が入っていないか、きちんとチェックしてチョイス。植物性油脂や砂糖、乳化剤などがたくさん使われているものはあまりおすすめしません。

ハイカカオは苦いので得意でないという人もいますが、カカオ分70％くらいから試していき、80～90％のものに慣れてしまえば、間食にちょっとつまむだけで大きな満足感が得られます。ちょっと価格の高いものだと、さらに満足度が上がりますよ。

私のデスクには、いつもちょっと贅沢なハイカカオチョコレートがあります。

高いから人にはむやみにあげない、ずるい美人です（笑）。

チョコレートといえば、コーヒーにすごく合いますよね。私もコーヒーは大好きです。けれどコーヒーは体を冷やすと言われています。私は冷えるとむくみやすいので、1日3杯までに制限しています。

最近は、気持ちの切り替えにミント、ローズヒップ、カモミールなど、さまざまなハーブティーを楽しむようになりました。

ガラスのコップにハーブティーを注ぐと、鮮やかな色味が心を癒してくれます。

ハーブの味と香り、甘みを味わっていると気分が落ち着き、間食したいという欲求も抑えられます。


とは言っても、甘いものが大好きなので、おまじないが効かないくらいケーキを食べてしまう日もあります。

そのうえ食事もフルコースで、デザートもペロリと平らげちゃう。

極限までくると、「大好きなハワイに行けばきっと私は痩せすぎていて、『もっと太ったほうがいいよMAYUMI』って言われるに違いない」などと、ずるいこと妄想します。

でも、それもたまにはいいのだ、と自分を甘やかすこともストレス太りを防ぎます。

眠っていてもずるい美人

私は仕事のことが気になればずっと考えてしまうし、プライベートで何か行き違いがあってモヤモヤ気分になっているときなど、寝ても覚めても頭の中が何かで埋まってしまうタイプです。

だからこそ**夜の就寝準備をするときは全力で自分をリラックスさせます。**

無理やりリラックス、癒しをがんばるという意味不明な行動ですが、そうでもしないと、働く女性はやっていけない、と思いませんか。

まずは波の音やハワイアンミュージックなど、ヒーリングサウンドで耳から脳を休ませるようにし、次に照明を少し落として、目を休ませます。

私の部屋は仕事場とベッドルームが一体型で、大きな照明が2つあります。インテリア好きな娘のアイデアで、デスクを照らすライトは事務的なデザインのものにしました。ベッドエリアは布張りの優しいランプ仕様の照明に。

こんなふうに、照明によって部屋をゾーニングすると、その場にふさわしい行動が促されるようです。

枕元の柔らかいランプの下でビジネス書を読もうとしても、なぜか長く続きません。仕事のことは忘れて、ゆったりくつろごうという気になります。いいことですね。

だんだん眠くなってきたら、香りでさらに気持ちを落ち着けます。

私の場合、ローズウッドの精油の香りが眠りへと誘ってくれます。

ストレスや不安の大きさにより香りの好みが変わるので、精油はいくつか枕元に置いています。友人から教えてもらったフランキンセンスは魔除けになるという言い伝えのあるのが気に入って、常備。

一般的にはラベンダーが眠りにいいと言われていますが、私は何となく鼻につんとくるのが苦手なので、あまり使いません。

自分が快適になれるかどうかを優先して香りを選ぶといいですね。

解放感いっぱいに眠りたいので、本当は裸になりたい派です。だけど地震や災害があった場合に後悔しそうなので、かろうじて何か着て寝ています。パジャマはややオーバーサイズのゆったりとしたものが好み。

ぐっすり眠るための最終兵器は、あずきの温熱アイピロー。あずきの力がじわじわと目を温め、翌朝は眼の腫れもクマも消えています。

枕は限りなく低めをセレクト。首のシワ、すでに深めですが、これ以上深くならないようにと願いを込めて。

肌と喉が乾燥しないように、加湿器は必須です。私が使っているスチーム式（加熱式）の加湿器は、デザイン性は低いけれど、加湿性能が高いので気に入っています。

よく眠るためにする努力が、寝ている間もずるい美人を作ります。

ずるい美人はクリニックともつきあい上手

肌のトラブルやエイジング対策など、気持ちの持ちようだけで済まない問題は、医療のプロに任せるのが賢明です。

子どもの頃、私は顔の中心に「そばかす」が点々とありました。

赤毛のアンや海外の絵本を見て、「そばかすなんて気にしない」と自分に言い聞かせていましたが、後年、そばかすが広がりだし、シミに変わっているような気がしたので、恐る恐る美容皮膚科を受診したのでした。

女医さんに診てもらい、何回か通院してレーザー医療を受けることになりました。そのときの女医さんとの出会いが私の人生を変えたと言っていいと思います。

そばかすは確実に薄くなり、鏡を見るのが楽しみになったのです。

私にとって、人生大逆転でした。

さらにラッキーだったのは、**私の肌の症状や特質について、皮膚科専門医でなければわからないことを丁寧にわかりやすく説明してもらえたこと。**

私の皮膚は人よりも薄いから、このビタミン剤が必要だとか、そばかすだと思っていたものの一部は実は肝斑だったとか、そういう事実をしっかりと把握することができたおかげで、**ひとりよがりに思い込んでいた美容の知識がすっかり更新されました。**

もっと早く行けばよかったと思っていますが、悩んだからこそそのありがたみかもしれません。自分が行こうと思ったタイミングが一番だった、と思うことにしています。

そばかすが消えた自分の顔を愛おしいと思えるようになったのは、大収穫です。

前向きな気持ちで家事や仕事に取り組める、この不思議な感覚。

学生時代からの友人に話してみたら、「真由美ってそばかすあったかかな?」と言われてしまいました。私にとってはそばかすのあることが大問題でしたが、他人はそれほど気にしていないのだということも知りました。

プチ整形なども、それで本人が前向きになれるなら、さりげなくやってしまえばいいと思います。

私ももし娘がどこか整形したいと相談してきたら、一緒にクリニックを探すでしょう。

探すポイントは、**クリニックの美意識の高さを目安に**するのがいいと思います。ホームページをよく読み、**ドクターの方針をチェック**することも必要です。

私がお世話になった美容皮膚科の女医さんのように、過剰な施術を勧めたりせず、「本来の美しさを取り戻しましたね。もう十分きれいですよ」と、**やりすぎにストップをかけてくれるドクター**だと、そこから先おつきあいしても安心できます。

「自分の香り」選びに手間と時間を

いい匂いがする女性に憧れませんか？

私は母が香水好きだったので、香りのある生活が大好きです。香水をコットンに少しだけ染み込ませて、そっと胸元に忍ばせる母のしぐさに憧れ、大人になったらやってみよう、とずっと思っていました。

母の愛用はシャネルの5番。母の匂いと香水がいい感じに混じって、私の大好きな香りでした。

香りは人の記憶に残ります。

目に見えないものだからこそ、脳が一生懸命覚えているのです。

私も自分の印象をプラスにするために、私らしい香り、お気に入りの香りを探すことに時間をかけ、じっくり丁寧に選んでいきます。

はじめは、香水そのものの好き嫌いで選んでいいと思います。

次に、自分の体につけたあとで香りがどう変化するかを調べます。

できれば、お店で自分の手首につけさせてもらい、首筋にもさらっと乗せてみるといいですね。時間が経っても好きな香りなら、買いに行く価値ありです。

一晩寝かせてもいい。**自分の体の匂いと香水が混じってどう変わっていくか、時間をかけて確かめましょう。**

お店でシュッとペーパーに吹きかけてくれるものはバッグに入れて持ち帰り、友人や家族に見せ、その香りが自分らしいかどうか聞いてみましょう。

私の場合は、急いで買ったために失敗した香水がいっぱいあります。

空港の免税店でお目当てのブランドを見つけ、つい嬉しくてその場の直観だけで選んだ高い香水などです。フライト時刻が迫っていたせいもあり、時間をまったくかけずに買ってしまいました。
そのときは気持ちが落ち着く香りだと思ったのですが、手首につけた香りは時間が経つと、なんだかお線香な香り。飛行機の中で、おばあちゃんを感じさせる香りを振りまいてしまって、大後悔。お隣の席にいた外国人は私のことを「オリエンタル美人」と思ってくれたかもしれませんが……。

その失敗香水は、着物を着るときに使うか、または来客時のお香代わりとして玄関に置くオブジェと化しています。トイレや洗面所の香りとして使うのもいいですね。

もうひとつの失敗は、流行りの香水を後輩がつけていて素敵だなと思い、これまた即買いして喜んでつけていたら、どこに行っても人と被ってしまったこと。人気の香水に飛びつくと、こういう失敗をしやすいので要注意です。

しかも、後輩は若いから流行りの香水が似合っていたけれど、私は年齢を考えると少し重みが足りなかった、と反省。

誰かのよい香りが自分のよい香りになるとは限らないのですね。

ややお高い香水なら、人と被りにくいという点が魅力です。日本未入荷の海外ブランド香水を探すのもいいと思います。

ヘアフレグランスはずるさ倍増

「レイヤー使い」という、ちょっとハイレベルな使い方もあります。**体の部位ごとにつける香水を変え、自分だけの香りを生み出す**のです。これは高度なずるい技。失敗を恐れる小心者の私が試してよかったのはヘアフレグランスでのレイヤーです。

髪からふんわりいい香りが漂うと、体の香りと髪の香りがバランスよく混ざり合って、かなり贅沢な気分になります。

きっと周囲の人もいい気分になってくれるでしょう。

ドラッグストアで売っているリーズナブルなものでも楽しめます。でもちょっと奮発して高級品を使うと、香りだけでなく髪のツヤも出て、ずるさ倍増です。

香りの引き算・足し算

その場における自分の役割に応じて、香りの計算を覚えておきましょう。
仕事のときは、腰より下につけて控えめにします。
香りは下から上にのぼってくるので、とても効果的なのです。
夏場の汗ばむ時期には、ブラウスなどに香水のシミがつくことを防げます。

会食の際は、香水はできるだけ控えます。特にお寿司屋さんや、香りを大切にする食事の場では、嗅覚の邪魔になるのでつけないほうがよいでしょう。

好きな人と食事をするときは、食事が終わる頃にお化粧室でさっと耳たぶの後ろにつけ、帰り道にいい匂いがするように仕組みます。
これもまた、ずるい美人のテクニックですね。

自宅の香り（デフューザー）は、ちょっと贅沢にしましょう。

私はシングルマザーとなってから住まいを整えるとき、小さな部屋を借りるのが精一杯でしたが、できるだけ人が訪ねてくれる家にしたいと思って工夫をしました。香りの演出も、そのひとつです。

娘の友達が遊びに来ると、「和希（娘）のおうち、いい匂い」といつも言ってくれるので、娘は自慢に思ってくれていました。

狭く日の当たらない家でしたが、いつもにぎやかで、娘はお友達に囲まれていました。

目に見えないものに少しだけお金をかけると、生活が豊かになるのです。

しなやかに、したたかに美人でいよう

嫌なことは跳ね返すくらいのしなやかさを

美人度の上がってきたあなたは、時々、こう考えることがあるかもしれません。芸能人でもモデルでもない自分は、どこまで人の目を意識すればよいのだろう。

万人受けする必要はないと思うのです。まずは、今いるコミュニティ、ママ友、職場の同じフロアにいる同僚、近しい取引先の方、カルチャースクールの仲間など、**自分を取り巻く半径3メートルの範囲を意識してみましょう。**

日々の生活圏でちょっと素敵に振る舞う。それがずるい美人の最初のステップだと思います。

たとえば職場で、嫌な上司に対しても姿勢よく丁寧に書類をお渡しするとか、冷たくされてもにっこり微笑み、いつもの丁寧な態度を変えないとか、できることはいろいろとあります。

言葉遣いや所作に気を配っていると、相手の反応も次第に変わっていきます。

世の中、敵ばかりではありません。

真っすぐ前を向いて立っていれば、支えてくれる人や共感してくれる人が必ず現れます。そして、手助けしてくれます。

ですから、心ない人の放つ言葉に傷つき、心が折れたりすることのないようにしましょう。

風にそよぐ柳のように、しなやかに受け流すといいですね。あるいはゴムのように、よくしなる弾力で衝撃を受け止め、跳ね返してやりましょう。

「私は美人」と信じている女性がモテる

容姿コンプレックスがあり、仕事に対する意欲もいまいち。

これからどうすればいいかわからない。自分を変えるきっかけがほしい。

そんな気持ちのときに観ると、世界がひっくり返る！　私自身がそんな衝撃をもらった映画『アイ・フィール・プリティ』を紹介させてください。

映画コメンテーターの有村昆さんによるセミナー「人生に観るべき7つの映画」を拝聴し、早く観たくてたまらなくなって、その夜さっそくＤＶＤをゲットしたのです。

面白くて笑えて、でも心に深く刺さってくる、そんな映画です。


すべてに自信のない主人公の女性が、ある出来事をきっかけにどんどん前向きになり、人生を変えていくストーリーです。

「どんどん前向きに」と言いましたが、それが超ド級のポジティブシンキング。「みんなが私を見ている！」「私って美人！」と錯覚したヒロインの女性が、もう笑えるほど自信満々に行動していきます。

どちらかというと自己肯定感が低いほうだと自覚している私は、あまりの衝撃に気分が悪くなるほどでした。途中で観るのをやめようかと思ったくらい……。

でもそれを観て思ったのです。錯覚でもいいのだ、と。

「私は美人」と信じている女性は、その思い込みの激しさとエネルギーによって周囲の心を掴むのです。

それがすごくわかりやすかったので、やはりいい映画だと思っています。

自分の容姿、性格、仕事のスキル、特技など、全てをそのまま変えずに、ただ「自分が自分をどう思うか」という大事な点を変える。

それだけで人生は劇的に変わる。この映画はそんなことを教えてくれました。

内面からポジティブに、ずるい美人になりたい人はぜひ観てみてください。

自意識過剰で洗練される

街を歩いていて、きれいな女性を見かけると、つい視線を奪われますね。それはごく自然なことですし、きれいな女性を観察してきれいになるヒントを盗むのはいいことだと思います。

でも、誰もが思わず二度見してしまうほど魅力的になりたいと望む場合は、キョロキョロ、チラチラしたりせず、真っすぐ歩くことをおすすめします。

目の前のことに集中している人は美しいのです。そんな女性に出会うと、人は強く心を惹かれるもの。

もし実際に誰かがあなたを見つめていたとしても「気づかないフリをする」のが、ずるい美人です。

自分を満たすことに集中する姿は美しい

ある日、電車の中で読書する女性を見て、まぶしいほど清楚で素敵!! と感動したことがあります。容姿がいいとか服装がいいとかではなく、静かに本を読む佇まいが際立っていたのです。

その女性は読書に集中しているので、周りを一切気にしていないようです。さりげなく覗き見したら、英語バージョン『星の王子さま』でした。

みんながスマホに熱中している中、ひとり凛として『星の王子さま』を英語で読むなんて、格好よすぎます。これはかなり素敵なずるい美人。

この本を読んでくださっているみなさんもぜひ、周囲の目を気にせず自分を満たすことに没頭し、凛としたずるい美人を目指してほしい、そう願っています。

おわりに

私がこの本を書こうと思ったのは、「ずるい」と人に言われることが多くて嫌だったから。ずるいなんて言われる筋合いはないぞ、と思っていたからです。

「ずるい」という言葉は、「悪賢い」「正しくないやりかたをする」「自分の利益のために人をごまかすこと」が本来の意味。

でも私はいつも真面目に誠実に生きていますし、人を欺くようなことは断じてしないので、当てはまりません。

ではなぜ、人は私を見て「ずるい」と感じたのでしょう。

ポジティブに解釈すると、「うらやましい」と思われているのかもしれません。

仕事のキャリアを積み、豊かな人間関係を築いていることが、いかにもうまく立ち回っているように見えたのでしょう。

中には、面と向かって「腹黒い」と言った悪友もいますが、これは親しいからこそ言える冗談、逆説的な褒め言葉だと思うことにしています(笑)。

「ずるい」と言われ続けたおかげで、私はようやく気がつきました。

うまくいっている人を見て「ずるい」とやっかむぐらいなら、「ずるい」と言われる側に立ち、「ずるい」と言われ続けるほうがいい、と。

けれどもSNSが生活に溶け込んでいる今、親しい友人はもとより、ちょっと知っているだけの他人の動向も目に入ってきます。誰がどんなものを持っているか、どこで何を食べたかまでわかってしまうのです。

うらやましいなと、つい思ってしまうこともあります。

それに比べて自分は、と焦る気持ちもあります。

仕事についても、あの人はあんなところですごい成果を出しているとか、多くの後輩に慕われて誕生日会を開いているとか、地方出張さえもかっこよく見えるとか、いちいち自分と比較しまくっては一喜一憂することになりがちです。

そんなときこそ、自分を大切にする時間を増やすべきなんですよね。

心に余裕を持ちましょう。人をうらやむのも悪いことではないので、いいなと思ったら、素直にうらやましいと言えばいいのです。

誰かに憧れ、自分もあの人のようになりたいと思う気持ちは、決してネガティブでなくポジティブです。

いつか自分も誰かの憧れになり、「うらやましい」と言われるようになりたい、と前向きになることが大切だと思います。

その日を夢見て、「私はみんなの憧れの的」と素敵な勘違いをしながら自分を磨くのは、とてもいいことです。

素敵な勘違いをしながら自分を磨く。

その具体的な方法を、本書ではさまざまな角度から語ってきました。

世の中が大きく変わっても、基本や考え方は変わらないと感じています。

小さいころから何をしても自信がなかった私が、自分で自分の見た目や振る舞いに責任を持って自分の意識を変えるようになってから、出会う人が変わってきました。

マナーやエチケットは相手を気遣うことが目的です。人のために、気配り目配りをしようと考えていたら、自分の姿勢や言葉遣いに変化が生まれました。実はその目的の中に自分を変えるチャンスがたくさん潜んでいたからです。

今、自信がない人こそ服装や言葉遣いを変えてみてください。「感じよく」「優しく振る舞う」ことで自己肯定感が上がります。形から入ってみるのです。自分の意識次第で周りからの見方が変わり、自信がつきます。

地に足をつけて働く女性がますます輝くためのヒントを、私の経験を通して書いたのがこの一冊です。

本書を出すチャンスをくださった山本さん、青木さん、大石さんに感謝申し上げます。多くの皆さまのサポートのおかげで今の私がいます。本当にありがとうございます。

そして和希、ママのもとに生まれてきてくれてありがとう。

この本で読者のみなさんの背中をそっと押し、励ますことができたなら、これ以上幸せなことはありません。

最後までお読みいただき、ありがとうございました。

福山真由美《ふくやままゆみ》

イメージコンサルタント

「Grace」代表

4歳から子役として活動後、大手電力会社で秘書、広報などを担当。結婚を機に退社するも、7年の結婚生活後に再度就活。キャリアなし、特技なしの状態ながら、身に着けてきた「見せ方・振る舞い」のスキルを発揮し、受けた会社すべて内定。

その後、プロダクトマネージャーとして企画・営業を経験し、2016年に独立、接遇・品格・マナー講習などを展開。化粧品ブランド・旅館・レストラン、税理士・社労士といった業種から信頼を集め、4年にしてクライアント30社、受講者1500人を超える。また内定獲得率の高い就活セミナーや、読者モデル6万人のキャリアコンサルティングも行う。

ずるい美人

２０２０年９月４日　第１版　第１刷発行
２０２０年１０月２９日　第２刷発行

著　者　福山真由美
発行所　WAVE出版
〒102-0074 東京都千代田区 九段南3-9-12
TEL 03-3261-3713　FAX 03-3261-3823
振替 00100-7-366376
E-mail:info@wave-publishers.co.jp
https://www.wave-publishers.co.jp
印刷・製本　萩原印刷

NDC159　223p　19cm　ISBN978-4-86621-286-9